브랜드만족 1위 박문각

2025

파이널 패스
핵심이론 +100선

박문각 공인중개사 정석진 2차
부동산세법

CONTENTS

이 책의 차례

CHAPTER 01 소득세 총설
- 소득세 총설 ···· 6
- 소득세 납세의무자 ···· 7

CHAPTER 02 소득세[부동산임대업]
- 부동산임대업의 범위 ···· 8
- 비과세 사업소득 ···· 9
- 부동산임대업의 소득금액 계산 ···· 10

CHAPTER 03 양도소득세
- 양도의 정의: 사실상 유상이전 ···· 12
- 양도세 과세대상 ···· 16
- 양도 또는 취득시기 ···· 18
- 양도소득 과세표준과 세액의 계산 ···· 20
- 실지거래가액에 의한 양도차익 ···· 22
- 추계결정에 의하는 경우 양도·취득가액과 기타의 필요경비 ···· 24
- 장기보유특별공제 ···· 28
- 양도소득기본공제 ···· 29
- 양도소득세 세율 ···· 30
- 미등기양도 ···· 32
- 양도소득세의 예정신고와 납부 ···· 33
- 양도소득세의 확정신고와 납부 ···· 34
- 양소소득세의 분할납부와 부가세 ···· 34
- 국외자산양도에 대한 양도소득세 ···· 36
- 비과세 양도소득 ···· 37
- 1세대 1주택의 양도소득에 대한 비과세 ···· 38
- 이월과세(양도소득의 필요경비 계산 특례) ···· 40
- 저가양도·고가양도 ···· 42
- 증여 후 양도행위의 부인(우회양도 부인) ···· 43
- 양도소득세 종합문제 ···· 44

CHAPTER 04 취득세
- 취득 ···· 48
- 과점주주(50% 초과+실질적 행사) ···· 50
- 취득세 과세대상 ···· 52
- 취득세 납세의무자 ···· 53
- 취득세 취득시기 ···· 54
- 취득세 과세표준 ···· 55
- 사실상 취득가격의 범위 등 ···· 56
- 취득세 표준세율 ···· 58
- 취득세 중과세율 ···· 60
- 취득세 세율의 특례 ···· 61
- 취득세 부과·징수 1 ···· 62
- 취득세 부과·징수 2 ···· 64
- 취득세 비과세 ···· 65
- 취득세 종합문제 ···· 66

CHAPTER 05 등록면허세

- 등록면허세 납세의무자 · · · · 67
- 등록면허세 과세표준 · · · · 68
- 등록면허세 세율 · · · · 69
- 등록면허세 부과와 징수 · · · · 70
- 등록면허세 비과세 · · · · 71
- 등록면허세 종합문제 · · · · 71

CHAPTER 06 재산세

- 재산세 과세대상 · · · · 72
- 토지의 과세대상 구분 · · · · 74
- 재산세 과세표준 · · · · 76
- 재산세 세율 · · · · 78
- 재산세 납세의무자 · · · · 80
- 재산세 부과·징수 · · · · 82
- 재산세 비과세 · · · · 84

CHAPTER 07 종합부동산세

- 종합부동산세 특징 · · · · 86
- 종합부동산세 전체 흐름도 · · · · 87
- 주택에 대한 과세 · · · · 88
- 토지에 대한 과세 · · · · 89
- 종합부동산세 신고·납부 등 · · · · 90

CHAPTER 08 조세총론

- 과세주체(과세권자)에 따른 분류 · · · · 93
- 납세의무의 성립 · · · · 94
- 납세의무의 확정 · · · · 95
- 납부의무의 소멸 · · · · 96
- 조세(국세·지방세)와 다른 채권의 관계 · · · · 97
- 거래 단계별 조세 · · · · 98
- 물납과 분납 · · · · 99

부록

- 01 복습문제 · · · · 104
- 02 복습문제 · · · · 145
- 정답 · · · · 186

박문각 공인중개사

CHAPTER 01 소득세 총설
CHAPTER 02 소득세[부동산임대업]
CHAPTER 03 양도소득세
CHAPTER 04 취득세
CHAPTER 05 등록면허세
CHAPTER 06 재산세
CHAPTER 07 종합부동산세
CHAPTER 08 조세총론

부동산세법

Chapter 01 소득세 총설 : 2문제 [1 ~ 2]

> **Key Point** 소득세 총설 (필수서 p.12)

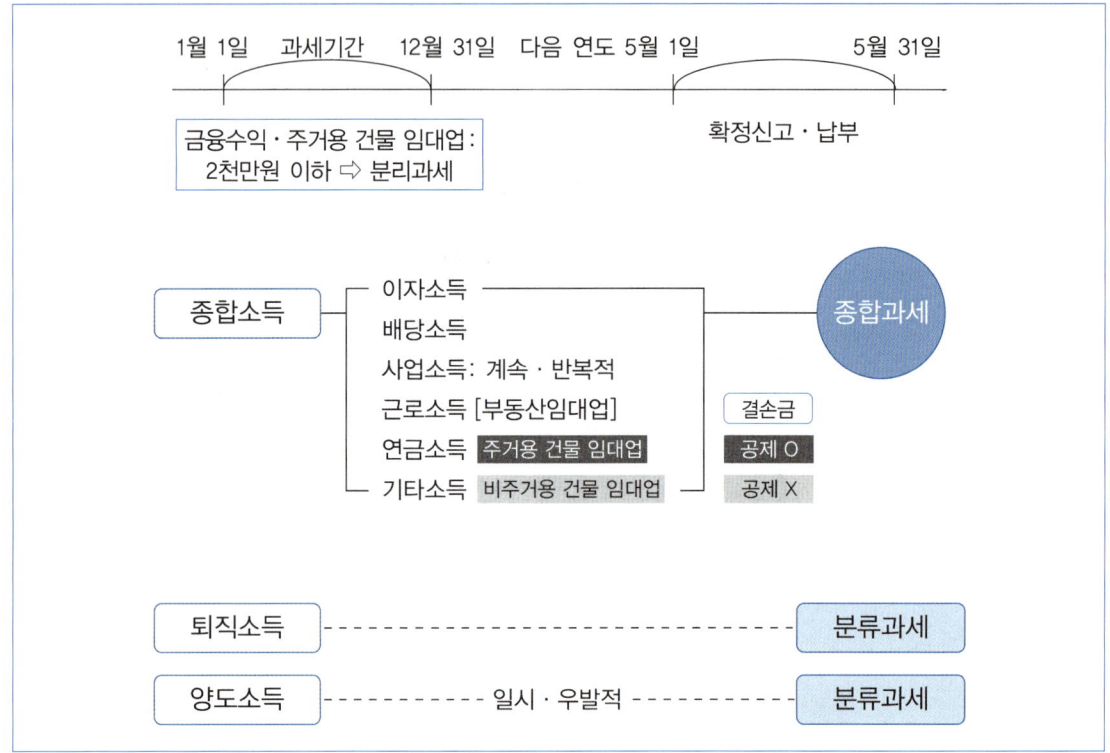

01 「소득세법」에 관한 설명이다. 옳지 않은 것은?

① 비사업자가 공익사업과 관련하여 지상권을 양도함으로써 발생하는 소득은 양도소득이다.
② 주거용 건물 임대업에서 발생한 결손금은 종합소득 과세표준을 계산할 때 공제한다.
③ 이축권을 별도로 적법하게 감정평가하여 신고하는 경우 그 이축권을 토지·건물과 함께 양도함으로써 발생하는 소득은 양도소득이다.
④ 비사업자가 지하수개발권을 토지 등과 함께 양도함으로써 발생하는 소득은 기타소득이다.
⑤ 공동으로 소유한 자산에 대한 양도소득금액을 계산하는 경우에는 해당 자산을 공동으로 소유하는 각 거주자가 납세의무를 진다.

Key Point 소득세 납세의무자 (필수서 p.13)

구 분	개 념	납세의무의 범위
거주자	① 1과세기간 동안 183일 이상인 경우 ② 2과세기간에 걸쳐 계속하여 183일 이상인 경우	① (국내원천소득 + 국외원천소득) ② 무제한 납세의무 ③ 납세지: 사람 주소지 관할 세무서
비거주자	거주자가 아닌 개인	① (국내원천소득) cf 국외 × ② 제한 납세의무 ③ 납세지: 국내 사업장의 소재지 관할 세무서

① **국외자산양도에 대한 양도소득세**: 거주자(5년 이상 국내에 주소 또는 거소)
② 공동으로 소유한 자산에 대한 양도소득금액을 계산하는 경우에는 해당 자산을 공동으로 소유하는 각 거주자가 납세의무를 진다(연대납세의무 ×).

02 다음은 「소득세법」에 대한 설명이다. 틀린 것은?

① 주택의 임대로 인하여 얻은 과세대상 소득은 사업소득으로서 해당 거주자의 종합소득금액에 합산된다.
② 양도소득에 대한 과세표준은 종합소득 및 퇴직소득에 대한 과세표준과 구분하여 계산한다.
③ 비주거용 건물 임대업에서 발생한 결손금은 종합소득 과세표준을 계산할 때 공제한다.
④ 거주자는 국내에 있는 토지의 양도로 발생하는 소득에 대하여 양도소득세 납세의무가 있다.
⑤ 거주자가 국내 상가건물을 양도한 경우 거주자의 주소지와 상가건물의 소재지가 다르다면 양도소득세 납세지는 거주자의 주소지이다.

Chapter 02 소득세 [부동산임대업] : 4문제 [3~6]

✅ Key Point 부동산임대업의 범위 (필수서 p.16)

1. **지역권·지상권의 대여**: 사업소득
   - cf 공익사업과 관련하여 지역권·지상권의 대여 : 기타소득
2. **지상권의 양도**: 양도소득

03 「소득세법」상 거주자의 부동산임대업에서 발생하는 소득에 관한 설명으로 옳은 것은?

① 미등기부동산을 임대하고 그 대가로 받는 것은 사업소득이 아니다.
② 지상권을 양도함으로써 발생하는 소득은 사업소득이다.
③ 주택의 임대로 인하여 얻은 과세대상 소득은 사업소득으로서 해당 거주자의 종합소득금액에 합산된다.
④ 자기소유의 부동산을 타인의 담보로 사용하게 하고 그 사용대가로 받는 것은 기타소득이다.
⑤ 공익사업과 관련된 지상권의 대여로 인한 소득은 사업소득이다.

> **Key Point** 비과세 사업소득 (필수서 p.16)

1. **논·밭의 임대소득**: 논·밭을 작물 생산에 이용하게 함으로써 발생하는 소득
2. **주택 임대소득**

① 금액에 관계없이 비과세	1개의 주택을 소유하는 자의 주택임대소득
② 과세	㉠ 1개의 주택을 소유하는 자의 주택임대소득 　●예외 　　ⓐ 고가주택(과세기간 종료일 기준으로 기준시가 12억원 초과) 　　ⓑ 국외에 소재하는 주택의 임대소득 ㉡ 2개 이상의 주택을 소유하는 자의 주택임대소득

   ● 주택 수의 계산
   ① 다가구주택: 1개의 주택 cf 구분등기 ⇨ 각각을 1개의 주택으로
   ② 공동소유의 주택: 지분이 가장 큰 자의 소유로 계산

   > (비교) 공동소유의 주택
   > ㉠ 부동산임대업: 지분이 가장 큰 자의 소유로 계산
   > ㉡ 양도세(=종합부동산세): 각각(각자)

   ③ 전대, 전전세: 임차인 또는 전세받은 자의 주택으로 계산
   ④ 본인과 배우자: 합산

04 「소득세법」상 거주자가 국내소재 부동산 등을 임대하여 발생하는 소득에 관한 설명으로 틀린 것은?

① 임대한 과세기간 종료일 현재 기준시가가 13억원인 1주택(주택부수토지 포함)을 임대하고 지급받은 소득은 사업소득으로 과세된다.
② 거주자의 보유주택 수를 계산함에 있어서 다가구주택은 1개의 주택으로 보되, 구분등기된 경우에는 각각을 1개의 주택으로 계산한다.
③ 甲과 乙이 공동소유 A주택(甲지분율 40%, 乙지분율 60%)을 임대하는 경우, 주택임대소득의 비과세 여부를 판정할 때 甲과 乙이 각각 1주택을 소유한 것으로 보아 주택 수를 계산한다.
④ 부부가 각각 주택을 1채씩 보유한 상태에서 그중 1주택을 임대하고 연간 2,800만원의 임대료를 받았을 경우 주택임대에 따른 과세소득은 있다.
⑤ 해당 과세기간에 분리과세 주택임대소득이 있는 거주자(종합소득과세표준이 없거나 결손금이 있는 거주자 포함)는 그 종합소득과세표준을 그 과세기간의 다음 연도 5월 1일부터 5월 31일까지 신고하여야 한다.

> **✓ Key Point** 부동산임대업의 소득금액 계산 (필수서 p.17)

부동산임대업의 소득금액 계산

부동산임대업의 소득금액 = 총수입금액(임대료 + 간주임대료) − 필요경비
① 임대료: 월세
② 간주임대료: 보증금·전세금에 대한 이자상당액

총수입금액(임대료 + 간주임대료) − 필요경비(소송비용, 감가상각비, 현재가치할인차금상각액) = 소득금액　cf (−) 결손금	양도가액 − 취득가액 − 기타필요경비 = 양도차익

cf 주택 에 대한 간주임대료
(1) 원칙: 간주임대료 ×
(2) 예외: 간주임대료 ○

and (동시 충족)	① 3주택 이상
	② 보증금 합계액이 3억원 초과

● 주택 수에 포함× (소형주택) (2026년 12월 31일까지)

and (동시 충족)	㉠ 전용면적 40m² 이하
	㉡ 기준시가 2억원 이하

05 「소득세법」상 거주자의 부동산 임대와 관련하여 발생한 소득에 관한 설명으로 틀린 것은?

① 사업자가 부동산을 임대하고 임대료 외에 전기료·수도료 등 공공요금의 명목으로 지급받은 금액이 공공요금의 납부액을 초과할 때 그 초과하는 금액은 사업소득 총수입금액에 산입한다.
② 주택 1채만을 소유한 거주자가 과세기간 종료일 현재 기준시가 13억원인 해당 주택을 전세금을 받고 임대하여 얻은 소득에 대해서는 소득세가 과세되지 아니한다.
③ 임대보증금의 간주임대료를 계산하는 과정에서 금융수익을 차감할 때 그 금융수익은 수입이자와 할인료, 수입배당금으로 한다.
④ 해당 과세기간의 주거용 건물 임대업을 제외한 부동산임대업에서 발생한 결손금은 그 과세기간의 종합소득과세표준을 계산할 때 공제하지 않는다.
⑤ 공익사업과 관련된 지상권의 대여로 인한 소득은 부동산임대업에서 발생한 소득으로 한다.

06 「소득세법」상 거주자의 부동산과 관련된 사업소득에 관한 설명으로 옳은 것은?

① 국내에 소재하는 논·밭을 작물 생산에 이용하게 함으로써 발생하는 사업소득은 소득세를 과세한다.
② 사업소득에 부동산임대업에서 발생한 소득이 포함되어 있는 사업자는 그 소득별로 구분하여 회계처리하여야 한다.
③ 국외에 소재하는 주택의 임대소득은 주택 수에 관계없이 과세하지 아니한다.
④ 주택을 임대하여 얻은 소득은 거주자가 사업자등록을 한 경우에 한하여 소득세 납세의무가 있다.
⑤ 해당 과세기간에 분리과세 주택임대소득이 있는 거주자(종합소득과세표준이 없거나 결손금이 있는 거주자 포함)는 그 종합소득 과세표준을 그 과세기간의 다음 연도 5월 1일부터 5월 31일까지 신고할 수 있다.

Chapter 03 양도소득세 : 44문제 [7 ~ 50]

> **✓ Key Point** 양도의 정의 : 사실상 유상이전 (필수서 p.20)

양도로 보는 경우	양도로 보지 아니하는 경우

① 매도
② 교환(유상)
③ 현물출자
④ 대물변제
   ㉠ 재산분할청구 : 양도 ×, 증여 ×
   ㉡ 부동산으로 위자료를 대물변제하는 경우 : 양도 ○
⑤ 부담부증여
   ㉠ 수증자가 인수한 채무상당액 : 양도 ○
      ⓐ 증여자 : 양도세
      ⓑ 수증자 : 증여세, 취득세
         • 채무액 : 유상
         • 채무액을 제외한 나머지 부분 : 무상
   ㉡ 배우자·직계존비속 간 : 증여추정
      ⓐ 증여자 : ×
      ⓑ 수증자 : 증여세, 취득세(무상)
       cf 양도 : 채무액이 객관적으로 인정되는 경우
⑥ 수용
⑦ 공매, 경매
   cf 자기가 재취득 : 양도 ×
	① 무상이전 : 상속, 증여
	② 환지처분 및 보류지 충당
	   ㉠ 환지받은 토지, 보류지를 양도한 경우 : 양도 ○
	   ㉡ 환지청산금을 교부받는 부분 : 양도 ○
	③ 지적경계선 변경을 위한 토지의 교환
	④ 양도담보
	   ㉠ 양도담보 제공시 : 양도 ×
	   ㉡ 채무불이행시 : 양도 ○
	⑤ 공유물의 분할(단순 분할)
	   ㉠ 지분증가 : 취득
	   ㉡ 지분감소 : 양도
	⑥ 소유권환원(매매원인 무효의 소)
	⑦ 신탁·신탁해지
	⑧ 배우자·직계존비속 간의 양도 : 증여추정
	   cf 양도(= 유상취득)
	   ㉠ 공매(경매)
	   ㉡ 파산선고
	   ㉢ 교환
	   ㉣ 대가를 지급한 사실이 증명되는 경우

★★★ 배우자·직계존비속 이외의 자 간 부담부증여 : 수증자가 인수한 채무상당액(양도 ○)

증여자 ───────▶ 수증자

증여가액	채무액	2억원
5억원	채무액 외	3억원

① 증여자	양도세(2억원)		
② 수증자	㉠ 증여세(3억원)		
	㉡ 취득세(5억원)	채무액(2억원)	유상취득
		채무액 외(3억원)	무상취득

cf 부담부증여시 양도가액 및 취득가액

$$= 양도·취득\ 당시의\ 가액 \times \frac{인수한\ 채무상당액}{증여가액}$$

07 다음은 소득세법령 및 판례상 양도에 대한 설명이다. 틀린 것은?

① 양도란 자산에 대한 등기 또는 등록과 관계없이 매도, 교환, 법인에 대한 현물출자 등으로 인하여 그 자산이 유상으로 사실상 이전되는 것을 말한다.
② 이혼시 당사자가 합의한 위자료를 일방이 소유하고 있는 부동산으로 대물변제하는 경우 양도로 본다.
③ A는 토지를 출자하고, B는 자금을 출자하여 공동으로 부동산사업을 시행하는 경우 A의 토지출자는 양도로 본다.
④ 배우자 간의 부담부증여에 있어서 수증자가 인수한 증여자의 채무액은 증여재산가액에서 공제하지 아니하고 증여세가 과세되므로, 항상 양도로 보지 아니한다.
⑤ 「도시개발법」에 따른 도시개발사업 시행자가 공사대금으로 취득한 보류지를 양도하는 경우에는 양도로 본다.

08 다음 중 양도소득세가 과세되는 양도에 해당하지 않는 것은?

㉠ 소유한 임대부동산을 법인에 현물출자하는 경우
㉡ 「도시개발법」이나 그 밖의 법률에 따른 환지처분으로 지목 또는 지번이 변경되거나 보류지(保留地)로 충당되는 경우
㉢ 공동소유의 토지를 공유자 지분 변경없이 2개 이상의 공유토지로 분할한 경우
㉣ 법정요건을 갖춘 양도담보계약에 의하여 소유권을 이전한 후 채무불이행으로 변제에 충당한 경우
㉤ 부동산의 부담부증여에 있어서 수증자가 인수하는 채무액 상당액

① ㉠
② ㉡, ㉢
③ ㉠, ㉣
④ ㉣, ㉤
⑤ ㉤

09 「소득세법」상 양도에 해당하는 것으로 옳은 것은?
① 매매원인 무효의 소에 의하여 그 매매사실이 원인무효로 판시되어 환원될 경우
② 공동소유의 토지를 공유자지분 변경없이 2개 이상의 공유토지로 분할하였다가 공동지분의 변경없이 그 공유토지를 소유지분별로 단순히 재분할하는 경우
③ 배우자의 부동산을 취득한 경우로서 그 취득대가를 지급한 사실을 증명한 경우
④ 법원의 확정판결에 의하여 신탁해지를 원인으로 소유권 이전등기를 하는 경우
⑤ 본인 소유자산을 경매·공매로 인하여 자기가 재취득하는 경우

10 거주자 甲이 아래의 국내 소재 상업용 건물을 특수관계인이 아닌 거주자 乙에게 부담부 증여하고 乙이 甲의 해당 피담보채권을 인수한 경우, 양도차익 계산시 상업용 건물의 취득가액은 얼마인가?

> ㉠ 취득당시 실지거래가액 : 100,000,000원
> ㉡ 취득당시 기준시가 : 80,000,000원
> ㉢ 증여일 현재 「상속세 및 증여세법」에 따른 평가액(감정가액) : 500,000,000원
> ㉣ 상업용 건물에는 금융회사로부터의 차입금 100,000,000원(채권최고액 : 120,000,000원)에 대한 근저당권이 설정되어 있음
> ㉤ 양도가액은 양도당시 「상속세 및 증여세법」에 따른 평가액(감정가액)을 기준으로 계산함

① 16,000,000원　　② 18,000,000원
③ 20,000,000원　　④ 24,000,000원
⑤ 100,000,000원

11 다음 중 양도소득세가 과세되는 경우는?

① 골프 회원권을 양도담보목적으로 양도하는 경우
② 주권상장법인의 소액주주가 보유하고 있는 당해 법인의 주식을 유가증권시장에서 양도하는 경우
③ 「도시개발법」이나 그 밖의 법률에 따른 환지처분으로 지목 또는 지번이 변경되거나 보류지(保留地)로 충당되는 경우
④ 공유지분의 변경 없이 공동소유의 토지를 소유지분별로 단순히 분할하는 경우
⑤ 조성한 토지의 일부분을 공사비 대가로 지급한 경우

12 다음은 양도소득세가 과세되는 양도에 관한 설명이다. 틀린 것은?

① 적법하게 소유권이 이전된 매매계약이 당사자 간 해제를 원인으로 당초 소유자명의로 환원된 경우 양도에 해당한다.
② 이혼에 따른 위자료에 갈음하여 양도소득세 과세대상이 이전된 경우에 양도에 해당하나, 재산분할에 따라 이전된 경우에는 양도에 해당하지 아니한다.
③ 토지의 경계를 변경하기 위하여 「측량·수로조사 및 지적에 관한 법률」에 따른 토지의 분할 등 대통령령으로 정하는 방법과 절차로 하는 토지 교환의 경우 양도로 보지 아니한다.
④ 본인 소유자산을 경매 등으로 자기가 재취득하는 경우 양도로 본다.
⑤ 명의신탁했던 재산을 법원의 확정판결에 의하여 신탁해지를 원인으로 소유권이전등기를 하는 경우에는 양도소득세가 과세되지 아니한다.

Key Point 양도세 과세대상 (필수서 p.28)

토지 또는 건물	등기·등록 여부와 관계없이 과세
부동산에 관한 권리	(1) 부동산을 취득할 수 있는 권리 ① 건물이 완성되는 때에 그 건물과 이에 딸린 토지를 취득할 수 있는 권리 (아파트당첨권·분양권·입주권 등) 　㉠ 조합원입주권: 주택 ×, 주택 수 포함 ○ 　㉡ 분양권: 주택 ×, 주택 수 포함 ○ ② 지방자치단체·한국토지공사가 발행하는 토지상환채권 및 주택상환사채 　cf 토지개발채권 ×, 국민주택채권 × ③ 부동산매매계약을 체결한 자가 계약금만 지급한 상태에서 양도하는 권리 (2) 지상권 (3) 전세권과 등기된 부동산임차권 　cf 등기되지 아니한 부동산임차권: 기타소득(종합소득)
주식 또는 출자지분 (주식 등)	(1) 특정 주권상장법인의 주식 등 ① 대주주가 양도하는 것 ② 장외 양도분 (2) 주권비상장법인의 주식 등(비상장주식) (3) 외국법인이 발행하였거나 외국에 있는 시장에 상장된 주식 등
기타자산	(1) 사업에 사용하는 토지·건물 및 부동산에 관한 권리와 함께 양도하는 영업권 　cf 영업권(점포임차권 포함)의 단독양도: 기타소득(종합소득) (2) 특정시설물의 이용권·회원권(이용·회원권의 성격이 내포된 주식 포함) (배타적) 사례 골프 회원권, 콘도 회원권 (3) 과점주주가 소유한 부동산 과다보유법인의 주식(50% - 50% - 50%) (4) 특수업종을 영위하는 부동산 과다보유법인의 주식(80% - 1주 - 1주) (5) 토지·건물과 함께 양도하는 이축을 할 수 있는 권리(이축권)
파생상품 등	파생상품 등의 거래 또는 행위로 발생하는 소득(일정한 파생상품)
신탁 수익권	신탁의 이익을 받을 권리(「자본시장과 금융투자업에 관한 법률」 제110조에 따른 수익증권 및 같은 법 제189조에 따른 투자신탁의 수익권 등 대통령령으로 정하는 수익권은 제외하며, 이하 "신탁 수익권"이라 한다)의 양도로 발생하는 소득. 다만, 신탁 수익권의 양도를 통하여 신탁재산에 대한 지배·통제권이 사실상 이전되는 경우는 신탁재산 자체의 양도로 본다.

13 양도소득세의 과세대상이 아닌 것은?

① 지상권의 양도로 발생하는 소득
② 지역권의 양도로 발생하는 소득
③ 등기된 부동산임차권의 양도로 발생하는 소득
④ 한국토지주택공사 발행 주택상환사채의 양도로 발생하는 소득
⑤ 가액을 별도로 평가하지 않고 토지·건물과 함께 양도하는 이축권(개발제한구역 내의 건축물을 법에 따른 취락지구 등으로 이축할 수 있는 권리)의 양도로 발생하는 소득

14 다음의 국내자산 중 양도소득세 과세대상으로 옳은 것은?

㉠ 미등기 나대지
㉡ 미등기된 부동산임차권
㉢ 점포임차권
㉣ 미등기 전매한 아파트당첨권
㉤ 전세권
㉥ 특허권
㉦ 회원제 골프회원권
㉧ 지역권

① ㉡, ㉢, ㉦, ㉧
② ㉡, ㉣, ㉤, ㉧
③ ㉠, ㉡, ㉤, ㉦
④ ㉠, ㉣, ㉤, ㉦
⑤ ㉡, ㉢, ㉣, ㉤

✓ Key Point 양도 또는 취득시기 (필수서 p.32)

1. **유상 양도 및 취득시기**
   (1) 원칙: 사실상 대금을 청산한 날
   (2) 예외: 등기·등록접수일
      ① 대금을 청산한 날이 분명하지 아니한 경우
      ② 대금을 청산하기 전에 소유권이전등기를 한 경우
2. **장기할부조건**(2회 이상 분할, 1년 이상): ~ 빠른 날
3. **자기가 건설한 건축물**: [구청(준공검사) → 등기소(보존등기)]
   (1) 허 가
      ① 원칙: 사용승인서 교부일
      ② 예외: ~ 빠른 날
   (2) 무허가: 사실상의 사용일
4. **상속 또는 증여**
   (1) 상속: 상속이 개시된 날
      cf 세율 적용시: 피상속인이 그 자산을 취득한 날
   (2) 증여: 증여를 받은 날(= 증여등기접수일)
      ① 이월과세: 증여자의 취득일
      ② 취득세: 증여 계약일
5. **점유**(민법의 시효취득): 점유를 개시한 날
6. **수용되는 경우**: ~ 빠른 날
7. **대금을 청산한 날까지 완성**(확정) ×: 목적물이 완성 또는 확정된 날
8. **환지처분**으로 인하여 취득한 토지
   (1) 환지 전의 토지의 취득일
   (2) 증가(감소)된 경우: 환지처분의 공고가 있는 날의 다음 날(익일)
9. **취득시기의 의제**
   (1) 토지·건물·부동산에 관한 권리·기타자산: 1985년 1월 1일
   (2) 주식 등: 1986년 1월 1일
10. **기타의 양도 또는 취득시기**
    (1) **아파트 당첨권**의 취득시기: 당첨일(잔금청산일)
    (2) **경매**에 의하여 자산을 취득하는 경우: 경매대금을 완납한 날
    (3) 잔금을 **어음**이나 기타 이에 준하는 증서로 받은 경우: 어음 등의 결제일
    (4) 법원의 **무효**판결로 소유권이 환원된 자산: 당초 취득일

15 현행 「소득세법」에서 규정하는 양도 및 취득의 시기에 관하여 틀린 것은?

① 상속에 의하여 취득한 토지는 상속이 개시한 날
② 대금청산 전에 소유권이전등기를 한 토지는 등기부에 기재된 등기접수일
③ 장기할부조건의 경우에는 소유권이전등기접수일·인도일 또는 사용수익일 중 빠른 날
④ 「민법」 제245조 제1항의 규정에 의하여 20년간의 점유로 취득한 토지의 경우에는 당해 토지에 대한 소유권이전등기접수일
⑤ 건축 허가를 받지 아니하고 건축하는 건축물에 있어서는 그 사실상의 사용일

16 소득세법령상 양도차익 계산시 양도 또는 취득의 시기에 대한 설명 중 틀린 것은?

① 증여에 의하여 취득한 토지는 증여를 받은 날이 된다.
② 부동산의 소유권이 타인에게 이전되었다가 법원의 무효판결에 의하여 당해 자산의 소유권이 환원되는 경우 당해 자산의 취득시기는 법원의 확정판결일로 한다.
③ 대금을 청산한 날이 분명하지 아니한 경우에는 등기·등록접수일 또는 명의개서일이다.
④ 대금을 어음으로 받은 경우에는 어음을 받은 날이 아니라 실제로 어음이 결제된 날이 대금청산일이 된다.
⑤ 완성 또는 확정되지 아니한 자산을 양도 또는 취득한 경우로서 해당 자산의 대금을 청산한 날까지 그 목적물이 완성 또는 확정되지 아니한 경우에는 그 목적물이 완성 또는 확정된 날이다.

✓ Key Point 양도소득 과세표준과 세액의 계산 (필수서 p.38)

구 분		원칙(실지거래가액)	예외(추계)
	양도가액	실지 양도가액	추계(매·감·기)
−	취득가액	실지 취득가액	추계(매·감·환·기)
		① 매입가액 + 취득세 + 기타부대비용 ② 소송비용·화해비용 ③ 당사자 약정 이자상당액 cf 지연이자 ×	−
−	기타필요경비	자본적 지출액 + 양도비용	필요경비개산공제
		① 자본적 지출액: 내용연수 연장, 가치증가 　　cf 수익적 지출액: 원상회복, 능률유지(×) ② 양도비용: 중개보수, 매각차손	① 취득가액이 추계인 경우 ② 취득당시 기준시가 × 　 공제율
=	양도차익		−
−	장기보유특별공제	① 양도차익 × 공제율 ② 적용대상: 토지·건물·조합원입주권 ③ 보유기간: 3년 이상 보유 ④ 적용배제: 미등기양도자산, (1세대 2주택 이상 + 조정대상지역 주택) ⑤ 공제율: ㉠ ㉡ 이외(2%씩): 6%~30% 　　　　　　㉡ 1세대 1주택인 고가주택(실가 12억원 초과)(2년 이상 거주) 　　　　　　　: [(보유기간: 4%씩) + (거주기간: 4%씩)]	
=	양도소득금액		
−	양도소득기본공제	① 소득별로 각각 연(1월 1일~12월 31일) 250만원 　㉠ 토지·건물, 부동산에 관한 권리, 기타자산 　㉡ 주식 또는 출자지분(주식 등) 　㉢ 파생상품 등 　㉣ 신탁 수익권 ② 적용배제: 미등기양도자산	
=	과세표준		−
×	세 율		−
=	산출세액		−
−	감면세액		
−	세액공제	외국납부세액공제	
+	가산세	무(과소)신고가산세, 납부지연가산세	
=	자진 납부할 세액		
−	분납할 세액		−
=	자진 납부세액		

17 「소득세법」상 국내자산의 양도시 양도소득금액을 감소시킬 수 있는 항목에 해당하지 않는 것은?

① 자산의 취득에 소요된 실지거래가액
② 자산을 양도하기 위하여 직접 지출한 비용
③ 장기보유특별공제
④ 양도소득기본공제
⑤ 기타필요경비

18 다음 중 아파트 분양권을 양도했을 때 양도소득금액의 계산식은?

① 양도가액 − 필요경비 − 장기보유특별공제 − 양도소득기본공제
② 양도차익 − 양도소득기본공제
③ 양도가액 − 필요경비
④ 양도차익 − 장기보유특별공제 − 양도소득기본공제
⑤ 양도가액 − 장기보유특별공제 − 양도소득기본공제 − 필요경비

✓ Key Point 실지거래가액에 의한 양도차익 (필수서 p.40 ~ p.41)

1. **양도가액**: 양도당시의 실지거래가액(양도소득의 총수입금액)
2. **취득가액**: 취득에 든 실지거래가액(현재가치할인차금 포함)
   ① 매입가액 + 취득세 + 기타 부대비용(중개보수, 소유권이전비용)
   ② 소송비용·화해비용(사업소득금액 계산시 필요경비에 산입된 것을 제외한 금액)
   ③ 당사자 약정에 의한 이자상당액
      cf 지급기일의 지연으로 인하여 추가로 발생하는 이자상당액 (×)
      cf 대출금의 이자지급액 (×)
   ④ 감가상각비(사업소득금액 계산시 필요경비에 산입한 금액): 취득가액에서 공제 = 양도차익을 계산할 때 양도가액에서 공제할 필요경비로 보지 아니한다.
   ⑤ 현재가치할인차금의 상각액(사업소득금액 계산시 필요경비에 산입한 금액): 취득가액에서 공제 = 양도차익을 계산할 때 양도가액에서 공제할 필요경비로 보지 아니한다.
   ⑥ 납부영수증이 없는 취득세 (○) cf 감면되는 경우 (×)
   ⑦ 상속, 증여: 「상속세 및 증여세법」의 규정에 의하여 평가한 가액
      ㉠ 원칙: 시가(시세)
      ㉡ 예외: 보충적 평가방법(기준시가)
   ⑧ 포함 (×): 재산세, 종합부동산세, 상속세, 증여세, 부당행위계산에 의한 시가초과액(업 계약서)
3. **기타필요경비**(자본적 지출액 + 양도비용)
   [필요경비 인정: 적격증명서류 수취·보관 또는 금융거래 증명서류 확인]
   ① **자본적 지출액**
      ㉠ 내용연수(수명) 연장, 가치를 증가시키기 위하여 지출한 수선비
      ㉡ 취득한 후 소송비용·화해비용(사업소득금액 계산시 필요경비에 산입된 것을 제외한 금액)
      ㉢ 양도자산의 용도변경·개량 또는 이용편의를 위하여 지출한 비용
      ㉣ 개발부담금, 재건축부담금, 베란다 샤시, 거실 및 방 확장공사비 등
         cf 수익적지출(원상회복, 능률유지): ×
   ② **양도비용**
      ㉠ 양도소득세과세표준 신고서 작성비용, 계약서 작성비용, 공증비용, 인지대, 소개비(중개보수)
      ㉡ 매각차손
         cf 금융기관 외의 자에게 양도한 경우: 금융기관에 양도하였을 경우 발생하는 매각차손을 한도

19 「소득세법」상 거주자가 양도가액과 취득가액을 실지 거래된 금액을 기준으로 양도차익을 산정하는 경우, 양도소득의 필요경비에 해당하지 않는 것은? (단, 지출액은 양도주택과 관련된 것으로 전액 양도자가 부담하고 법령에 따른 증명서류가 수취·보관되어 있음)

① 개발부담금과 수익적지출액
② 취득가액
③ 취득에 관한 쟁송이 있는 자산에 대하여 그 소유권확보를 위하여 직접 소요된 소송비용(다만, 지출한 연도의 각 소득금액 계산상 필요경비에 산입된 것은 제외)
④ 취득시 법령의 규정에 따라 매입한 국민주택채권을 만기 전에 법령이 정하는 금융기관에 양도함으로써 발생하는 매각차손
⑤ 「공인중개사법」에 따른 공인중개사에게 지급한 중개보수

20 「소득세법」상 사업소득이 있는 거주자가 실지거래가액에 의해 부동산의 양도차익을 계산하는 경우 필요경비에 관한 설명으로 틀린 것은?

① 취득에 관한 쟁송이 있는 자산에 대하여 그 소유권 등을 확보하기 위하여 직접 소요된 소송비용(다만, 지출한 연도의 사업소득금액 계산 상 필요경비에 산입된 것은 제외)은 취득가액에 포함한다.
② 당사자 약정에 의한 대금지급방법에 따라 취득원가에 이자상당액을 가산하여 거래가액을 확정한 경우 당해 이자상당액은 취득원가에 포함한다.
③ 양도자산의 보유기간 중에 그 자산의 감가상각비로서 사업소득금액의 계산시에 필요경비로 산입한 금액은 취득가액에서 공제한다.
④ 주택의 취득대금에 충당하기 위한 대출금의 이자지급액은 취득원가에 포함한다.
⑤ 취득가액을 실지거래가액에 의하는 경우 당초 약정에 의한 지급기일의 지연으로 인하여 추가로 발생하는 이자상당액은 취득원가에 포함하지 아니한다.

✓ Key Point 추계결정에 의하는 경우 양도·취득가액과 기타의 필요경비 (필수서 p.42)

1. 양도가액 또는 취득가액을 추계결정 또는 경정하는 경우에는 다음의 방법을 순차로 적용하여 산정한 가액에 의한다.
   ① **매**매사례가액 : 양도일 또는 취득일 **전후 각 3개월 이내**에 해당 자산(주권상장법인의 주식 등은 제외)과 동일성 또는 유사성이 있는 자산의 매매사례가 있는 경우 그 가액
   ② **감**정가액 : 양도일 또는 취득일 **전후 각 3개월 이내**에 해당 자산(주식 등을 제외)에 대하여 **둘 이상의 감정평가법인 등이** 평가한 것으로서 신빙성이 있는 것으로 인정되는 감정가액(감정평가기준일이 양도일 또는 취득일 전후 각 3개월 이내인 것에 한정)이 있는 경우에는 그 **감정가액의 평균액**(다만, 기준시가가 10억원 이하인 경우에는 하나)
   ③ **환**산 취득가액 : 토지·건물 및 부동산을 취득할 수 있는 권리의 경우에는 다음 산식에 의하여 계산한 가액   cf **양도가액은 환산 (×)**

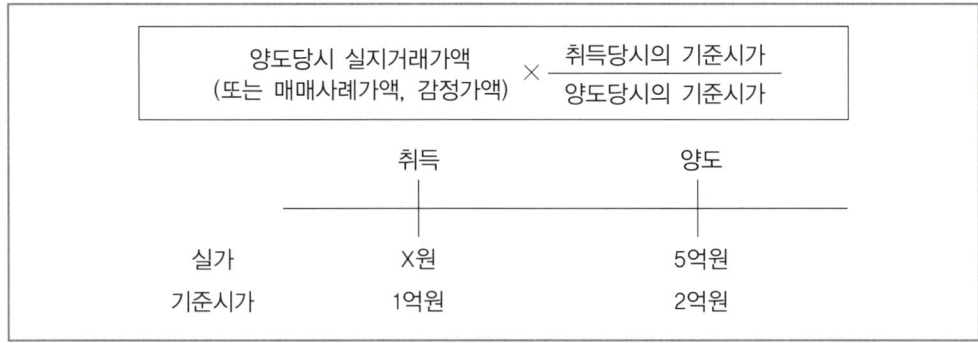

   ④ **기**준시가

2. 필요경비개산공제
   취득가액을 추계조사(매매사례가액, 감정가액, 환산취득가액) 또는 기준시가로 산정하는 경우 인정되는 필요경비

구 분		필요경비개산공제액
① **토지와 건물**(일반건물, 오피스텔 및 상업용 건물, 주택)		취득당시의 기준시가 × 3% (미등기양도자산은 0.3%)
② 부동산에 관한 권리	지상권·전세권·등기된 부동산 임차권	취득당시의 기준시가 × 7% (미등기양도자산은 제외)
	부동산을 취득할 수 있는 권리	취득당시의 기준시가 × 1%
③ 주식·출자지분 ④ 기타자산 ⑤ 신탁 수익권		

3. 추계방법에 의한 **취득가액을 환산취득가액으로 하는 경우 세부담의 최소화**

   필요경비 = MAX(①, ②)
   ① (환산취득가액 + 필요경비개산공제)
   ② (자본적지출액 + 양도비)

21 「소득세법」상 거주자의 양도소득세가 과세되는 부동산의 양도가액 또는 취득가액을 추계조사하여 양도소득 과세표준 및 세액을 결정 또는 경정하는 경우에 관한 설명으로 틀린 것은 몇 개인가? (단, 매매사례가액과 감정가액은 특수관계인과의 거래가액이 아님)

> ⊙ 양도 또는 취득당시의 실지거래가액의 확인을 위하여 필요한 장부·매매계약서·영수증 기타 증빙서류가 없거나 그 중요한 부분이 미비된 경우 추계결정 또는 경정의 사유에 해당한다.
> ⓒ 취득당시 실지거래가액을 확인할 수 없는 경우에는 매매사례가액, 환산가액, 감정가액, 기준시가를 순차로 적용하여 산정한 가액을 취득가액으로 한다.
> ⓒ 매매사례가액은 양도일 또는 취득일 전후 각 3개월 이내에 해당 자산과 동일성 또는 유사성이 있는 자산의 매매사례가 있는 경우 그 가액을 말한다.
> ⓔ 감정가액은 해당 자산에 대하여 감정평가기준일이 양도일 또는 취득일 전후 각 3개월 이내이고 둘 이상의 감정평가법인 등이 평가한 것으로서 신빙성이 있는 것으로 인정되는 경우 그 감정가액의 평균액으로 한다(다만, 기준시가가 10억원 이하인 경우에는 하나).
> ⓞ 환산가액은 양도가액을 추계할 경우에는 적용되지만 취득가액을 추계할 경우에는 적용되지 않는다.
> ⓗ 취득가액을 매매사례가액으로 계산하는 경우 취득당시 기준시가에 3/100을 곱한 금액이 필요경비에 포함된다.

① 1개 ② 2개 ③ 3개 ④ 4개 ⑤ 5개

22 추계결정에 의한 양도·취득가액과 기타의 필요경비에 대한 설명이다. 틀린 것은?

① 취득당시의 실지거래가액을 확인할 수 없는 경우 취득가액은 매매사례가액, 감정가액 및 환산가액을 적용한다.
② 기준시가 및 실지거래가액을 확인할 수 없어 매매사례가액, 감정가액 및 환산가액에 의하여 양도차익을 계산하는 경우 필요경비는 취득당시의 기준시가에 매입부대비용 등을 감안하여 자산별로 정한 일정한 율에 의하여 계산한 금액(개산공제액)을 필요경비로 공제한다.
③ 매매사례가액과 감정가액을 적용함에 있어 특수관계인과의 거래에 따른 가액 등으로서 객관적으로 부당하다고 인정되는 경우에는 해당 가액을 적용하지 아니한다.
④ 취득가액을 실지거래가액이 아닌 추계결정하는 경우 사업소득금액 계산시 필요경비로 산입한 감가상각비는 취득가액에서 공제하지 않는다.
⑤ 취득가액을 환산가액으로 하는 경우로서 환산가액과 개산공제액의 합계액이 자본적지출액과 양도비용의 합계액보다 적은 경우에는 자본적지출액과 양도비용의 합계액을 필요경비로 할 수 있다.

23 아래 자료에 의하여 양도소득세 부담을 최소화하기 위한 양도차익은?

> ㉠ 취득당시 실지거래가액: 알 수 없음
> ㉡ 양도당시 실지거래가액: 500,000,000원
> ㉢ 취득당시 기준시가: 150,000,000원
> ㉣ 양도당시 기준시가: 400,000,000원
> ㉤ 자본적 지출액: 200,000,000원
> ㉥ 등기된 자산으로 취득 후 2년 이후 양도에 해당함
> ㉦ 매매사례가액 및 감정가액은 없는 것으로 가정함

① 240,000,000원
② 244,000,000원
③ 302,500,000원
④ 308,000,000원
⑤ 300,000,000원

24 「소득세법」상 양도차익계산에 관한 설명으로 틀린 것은? (단, 특수관계인과의 거래가 아님)

① 취득가액을 실지거래가액에 의하는 경우 당초 약정에 의한 지급기일의 지연으로 인하여 추가로 발생하는 이자상당액은 취득원가에 포함하지 아니한다.
② 실지거래가액에 의해 양도차익을 계산하는 경우 양도자산의 취득 후 쟁송이 있는 경우 그 소유권을 확보하기 위하여 직접 소요된 소송비용으로서 그 지출한 연도의 각 사업소득금액 계산시 필요경비에 산입된 금액은 자본적 지출액에 포함되지 않는다.
③ 취득당시 실지거래가액을 확인할 수 없는 경우에는 매매사례가액, 환산가액, 감정가액, 기준시가를 순차로 적용하여 산정한 가액을 취득가액으로 한다.
④ 취득가액을 매매사례가액으로 계산하는 경우 취득당시 기준시가에 3/100을 곱한 금액이 필요경비에 포함된다.
⑤ 취득가액을 환산가액으로 하는 경우 세부담의 최소화를 위하여 환산가액과 필요경비개산공제액의 합계액이 자본적지출액과 양도비용의 합계액보다 적은 경우에는 자본적지출액과 양도비용의 합계액을 필요경비로 할 수 있다.

> **Key Point** 장기보유특별공제 (필수서 p.46)

1. 취지: 동결효과 방지, 결집효과 완화
2. 적용대상: 토지·건물·조합원입주권(3년 이상 보유)
3. 적용배제: 미등기양도자산, (1세대 2주택 이상 + 조정대상지역 주택)
4. 보유기간
   ① 취득일 ~ 양도일
   ② 이월과세: 증여자가 취득한 날부터 기산
5. 장기보유특별공제액: 양도차익 × 공제율
   ① ② 이외(2%씩): 6% ~ 30%
   ② 1세대 1주택인 고가주택(2년 이상 거주): [(보유기간: 4%씩) + (거주기간: 4%씩)]
6. 동일연도에 수회 양도: 자산별

25 「소득세법」상 장기보유특별공제에 관한 설명으로 틀린 것은?

① 장기보유특별공제액은 양도차익에 공제율을 곱하여 계산한다.
② 거주자 갑이 비과세요건을 충족한 1세대 1주택(보유기간 5년 6개월, 거주기간 1년 6개월)을 25억원에 양도한 경우 장기보유특별공제율은 20%이다.
③ 「소득세법」 제104조 제3항에 따른 미등기 양도자산에 대하여는 장기보유특별공제를 적용하지 아니한다.
④ 「소득세법」 제97조의2 제1항에 따라 이월과세를 적용받는 경우 장기보유특별공제의 보유기간은 증여자가 해당 자산을 취득한 날부터 기산한다.
⑤ 특수관계인에게 증여한 자산에 대해 증여자인 거주자에게 양도소득세가 과세되는 경우 장기보유특별공제의 보유기간은 증여자가 해당 자산을 취득한 날부터 기산한다.

26 「소득세법」상 장기보유특별공제에 관한 설명으로 틀린 것은? (다만, 양도자산은 비과세되지 아니함)

① 장기보유특별공제는 보유기간 동안의 명목소득에 대한 세부담 경감과 과중한 세부담으로 인한 부동산 시장의 동결효과를 방지하는데 그 의의가 있다.
② 「소득세법」 제104조 제3항에 따른 미등기 양도자산에 대하여는 장기보유특별공제를 적용하지 아니한다.
③ 장기보유특별공제는 취득가액에 공제율을 곱하여 구하는 금액으로 한다.
④ 양도소득금액은 양도차익에서 장기보유특별공제를 공제한 금액으로 한다.
⑤ 법원의 결정에 의하여 양도당시 취득에 관한 등기가 불가능한 부동산은 미등기양도에서 제외되어 장기보유특별공제를 적용받을 수 있다.

✅ Key Point 양도소득기본공제 (필수서 p.49)

1. 소득별로 각각 연(1월 1일~12월 31일) 250만원 = 결손금의 통산
   ① 토지·건물, 부동산에 관한 권리, 기타자산(미등기양도자산은 제외)
   ② 주식 또는 출자지분(주식 등)
   ③ 파생상품 등
   ④ 신탁 수익권
2. 공제 순서
   ① 감면 외, 감면 외: 먼저 양도한 자산부터
   ② 감면, 감면 외: 감면 외에서 먼저 공제
3. 공유자산: 공유자 각자

27 다음은 「소득세법」상 양도소득기본공제에 대한 설명이다. 틀린 것은?

① 종중을 1거주자로 보는 경우 양도소득기본공제는 연 1회 250만원을 적용하며 비거주자의 경우에는 양도소득기본공제를 적용하지 않는다.
② 과세소득과 감면소득이 있는 경우 양도소득기본공제는 과세소득금액에서 먼저 공제하고, 미공제분은 감면소득금액에서 공제한다.
③ 양도소득기본공제는 그룹별로 각각 연 250만원을 공제하며, 같은 그룹의 자산을 연중 2회 이상 양도하였을 경우에는 먼저 양도한 자산의 양도소득금액에서부터 공제한다.
④ 미등기양도자산인 경우에도 「소득세법 시행령」의 규정에 따라 미등기양도자산에서 제외되는 것은 양도소득기본공제가 가능하다.
⑤ 2 이상의 토지를 동시에 양도한 경우 납세자의 선택에 따라 양도소득기본공제액의 차감 순서를 지정할 수 있다.

28 다음은 양도소득세에 있어서 양도소득금액의 계산에 관한 설명이다. 틀린 것은?

① 국내 토지의 양도로 발생한 양도차손은 동일한 과세기간에 국내 전세권의 양도로 발생한 양도소득금액에서 공제할 수 있다.
② 양도소득금액을 계산할 때 국내 부동산을 취득할 수 있는 권리에서 발생한 양도차손은 국내 토지에서 발생한 양도소득금액에서 공제할 수 있다.
③ 국내 부동산에 관한 권리의 양도로 발생한 양도차손은 국내 토지의 양도에서 발생한 양도소득금액에서 공제할 수 있다.
④ 국내 자산의 소득별로 소득금액을 계산할 때 양도차손이 발생한 자산이 있는 경우에는 양도차손이 발생한 자산과 같은 세율을 적용받는 자산의 양도소득금액에서 그 양도차손을 공제한다.
⑤ 국외 부동산을 양도하여 발생한 양도차손은 동일한 과세기간에 국내 부동산을 양도하여 발생한 양도소득금액에서 통산할 수 있다.

Key Point 양도소득세 세율 (필수서 p.52)

1. 토지 또는 건물·부동산에 관한 권리 및 기타자산: 6 ~ 45%
   (분양권의 경우에는 양도소득 과세표준의 100분의 60)
2. 토지 또는 건물 및 부동산에 관한 권리로서 그 보유기간이 1년 이상 2년 미만: 양도소득 과세표준의 100분의 40(주택, 조합원입주권 및 분양권의 경우에는 100분의 60)
3. 토지 또는 건물 및 부동산에 관한 권리로서 그 보유기간이 1년 미만: 양도소득 과세표준의 100분의 50(주택, 조합원입주권 및 분양권의 경우에는 100분의 70)
4. 비사업용 토지: [기본세율 + 10%p] → [16 ~ 55%]
5. 미등기양도자산: 양도소득 과세표준의 100분의 70
6. 주식 등
7. 해외주식
8. 파생상품
9. 신탁 수익권
10. [1세대 2주택 + 조정대상지역 주택 양도]: [기본세율 + 20%p] → [26 ~ 65%]
11. [1세대 3주택 이상 + 조정대상지역 주택 양도]: [기본세율 + 30%p] → [36 ~ 75%]

● 세율 적용시 주의사항
1. 하나의 자산이 둘 이상에 해당: 산출세액 중 큰 것
2. 세율 적용시 보유기간 계산(취득일)
   ① 상속받은 자산을 양도하는 경우: 피상속인이 그 자산을 취득한 날
   ② 이월과세: 증여자가 그 자산을 취득한 날

29 「소득세법」상 등기된 국내 부동산에 대한 양도소득 과세표준의 세율 중 가장 높은 것은?

① 1년 6개월 보유한 1주택(과세표준이 1천만원인 경우)
② 2년 1개월 보유한 상가건물(과세표준이 1천 4백만원인 경우)
③ 6개월 보유한 1주택(과세표준이 1천만원인 경우)
④ 10개월 보유한 상가건물(과세표준이 1천만원인 경우)
⑤ 1년 8개월 보유한 상가건물(과세표준이 1천만원인 경우)

30 다음은 양도소득세의 세율에 관한 내용이다. 틀린 것은?

① 하나의 자산이 둘 이상의 세율에 해당할 때에는 해당 세율을 적용하여 계산한 양도소득 산출세액 중 큰 것을 그 세액으로 한다.
② 세율 적용시 보유기간은 해당 자산의 취득일부터 양도일까지로 한다. 다만, 상속받은 자산은 피상속인이 그 자산을 취득한 날을 그 자산의 취득일로 본다.
③ 해당 과세기간에 자산을 둘 이상 양도하는 경우 양도소득 산출세액은 해당 과세기간의 양도소득과세표준 합계액에 대하여 기본세율을 적용하여 계산한 양도소득 산출세액과 자산별 양도소득 산출세액 합계액 중 큰 것으로 한다.
④ 같은 날짜에 주택을 취득하고 양도한 경우 또는 같은 날짜에 주택을 증여하고 양도한 경우의 주택의 취득 및 양도(증여 포함) 순서는 거주자가 선택하는 순서에 따라 판단한다.
⑤ 6개월 보유한 골프 회원권을 양도한 경우와 6개월 보유한 등기된 1세대 1주택인 아파트를 양도한 경우의 양도소득세 세율은 동일하다.

Key Point 미등기양도 (필수서 p.58)

1. **미등기양도자산**: 토지·건물 및 부동산에 관한 권리를 취득한 자가 그 자산 취득에 관한 등기를 하지 않고 양도하는 것
2. **미등기양도자산에 대한 규제**
   ① 비과세와 감면: 배제
   ② 필요경비개산공제: 0.3%
   ③ 장기보유특별공제와 양도소득기본공제: 배제(양도차익 = 양도소득금액 = 과세표준)
   ④ 세율: 70%
3. **미등기양도자산 제외**
   ① 장기할부조건
   ② 법률의 규정 또는 법원의 결정에 따라 등기가 불가능한 자산
   ③ 비과세요건을 충족한 교환·분합하는 농지, 감면요건을 충족한 자경농지 및 대토하는 농지
   ④ 비과세요건을 충족한 1세대 1주택으로서 건축허가를 받지 않은 경우
   ⑤ 「도시개발법」에 따른 도시개발사업이 종료되지 아니하여 양도하는 토지
   ⑥ 건설사업자가 「도시개발법」에 따라 공사용역 대가로 취득한 체비지를 토지구획환지처분공고 전에 양도하는 토지

31 「소득세법」상 미등기양도자산에 관한 설명으로 틀린 것은?

① 건설사업자가 「도시개발법」에 따라 공사용역 대가로 취득한 체비지를 토지구획환지처분공고 전에 양도하는 토지는 미등기양도자산에 해당하지 않는다.
② 미등기양도자산인 경우 양도차익이 양도소득 과세표준이 된다.
③ 법률의 규정 또는 법원의 결정에 의하여 양도당시 그 자산의 취득에 관한 등기가 불가능한 자산은 미등기양도자산에 해당하지 않는다.
④ 미등기로 자산을 양도한 경우 필요경비개산공제를 적용한다.
⑤ 미등기양도자산에 대하여는 양도소득세 산출세액에 70%의 세율을 적용하여 양도소득세를 산출한다.

✅ Key Point 양도소득세의 예정신고와 납부 (필수서 p.60)

1. 예정신고·납부기한
   ① 토지·건물, 부동산에 관한 권리, 기타자산, 신탁 수익권: 양도일이 속하는 달의 말일부터 2개월 이내(2월 4일 토지 양도: 4월 30일)
   ② 주식 등: 양도일이 속하는 반기(半期)의 말일부터 2개월 이내(2월 4일 주식 양도: 8월 31일)
   ③ 부담부증여: 양도일이 속하는 달의 말일부터 3개월 이내(2월 4일 부담부증여: 5월 31일)
2. 양도차익이 없거나 양도차손이 발생한 경우에도 적용한다(의무).
3. 예정신고·납부세액공제: 폐지
4. 예정신고·납부 × → 가산세 ○
   ① 무신고가산세: 20%(일반), 40%(부당)
   ② 과소신고가산세: 10%(일반), 40%(부당)
   ③ 납부지연가산세: ㉠ + ㉡
      ㉠ 미납세액 × (납부기한의 다음 날 ~ 납부일) × 1일 10만분의 22
      ㉡ 납부고지 후 미납세액 × 100분의 3

32 甲이 등기된 국내소재 공장(건물)을 양도한 경우, 양도소득 과세표준 예정신고에 관한 설명으로 옳은 것은? (단, 甲은 소득세법상 부동산매매업을 영위하지 않는 거주자이며 국세기본법상 기한연장 사유는 없음)

① 2025년 3월 31일에 양도한 경우, 예정신고납부기한은 2025년 5월 31일이다.
② 예정신고 기간은 양도일이 속한 연도의 다음 연도 5월 1일부터 5월 31일까지이다.
③ 양도차손이 발생한 경우 예정신고할 의무는 없다.
④ 예정신고시 예정신고납부세액공제(산출세액의 10%)가 적용된다.
⑤ 예정신고를 하지 않은 경우 확정신고를 하면, 예정신고에 대한 가산세는 부과되지 아니한다.

✓ Key Point 양도소득세의 확정신고와 납부 (필수서 p.61)

1. 확정신고 · 납부기한
   ① 그 과세기간의 다음 연도 5월 1일부터 5월 31일까지
   ② 해당 과세기간의 과세표준이 없거나 결손금액이 있는 경우에도 적용한다(의무).
   ③ 예정신고를 한 자는 ①에도 불구하고 해당 소득에 대한 확정신고를 하지 아니할 수 있다. 다만, 당해 연도에 누진세율의 적용대상 자산에 대한 예정신고를 2회 이상 한 자가 이미 신고한 양도소득금액과 합산하여 신고하지 아니한 경우에는 그러하지 아니하다.

2. 확정신고 · 납부 × → 가산세 ○
   ① 무신고가산세: 20%(일반), 40%(부당)
   ② 과소신고가산세: 10%(일반), 40%(부당)
   ③ 납부지연가산세: ㉠ + ㉡
      ㉠ 미납세액 × (납부기한의 다음 날 ~ 납부일) × 1일 10만분의 22
      ㉡ 납부고지 후 미납세액 × 100분의 3
   ④ 예정신고와 관련하여 가산세가 부과되는 부분에 대해서는 확정신고와 관련하여 무신고가산세를 적용하지 아니한다(중복 ×).

3. 감정가액 또는 환산취득가액 적용에 따른 가산세
   ① 건물을 신축 또는 증축하고 5년 이내에 양도하는 경우
   ② 감정가액 또는 환산취득가액을 그 취득가액으로 하는 경우
   ③ 감정가액 또는 환산취득가액의 100분의 5

✓ Key Point 양도소득세의 분할납부와 부가세 (필수서 p.62)

1. 분할납부
   ① <u>예정신고납부 · 확정신고납부할 세액</u>이 각각 1천만원 초과
   ② 납부기한이 지난 후 2개월 이내
   ③ <u>분납할 수 있는 세액</u>(나중에 낼 수 있는 금액)
      ㉠ 납부할 세액이 2천만원 이하인 때: 1천만원을 초과하는 금액
      ㉡ 납부할 세액이 2천만원을 초과하는 때: 그 세액의 100분의 50 이하의 금액

   사례 2월 4일에 토지를 양도한 경우

납부할 세액	예정신고납부기한(4월 30일)	분할납부(6월 30일)
㉠ 15,000,000원	10,000,000원 ↑	5,000,000원 ↓
㉡ 30,000,000원	15,000,000원 ↑	15,000,000원 ↓

2. 물납: 폐지(2015년 12월 15일)
3. 양도소득세의 부가세: 농어촌특별세(감면세액의 20%)

33 다음은 양도소득세의 신고 및 납부에 관련된 설명이다. 틀린 것은?

① 소득세법상 거주자인 개인이 국내소재 부동산을 2025년 10월 24일 양도한 경우 양도소득과세표준 예정신고납부기한은 2025년 12월 31일이고 관할관청은 양도인의 주소지 관할 세무서장으로 한다.
② 양도차익이 없거나 양도차손이 발생한 경우에도 양도소득과세표준 예정신고를 하여야 한다.
③ 복식부기의무자가 아닌 거주자가 매매계약서의 조작을 통하여 양도소득세 과세표준을 과소신고한 경우에는 부정행위로 인한 과소신고납부세액등의 100분의 40(국제거래에서 발생한 부정행위로 과소신고한 경우에는 100분의 60)에 상당하는 금액을 가산세로 한다.
④ 거주자가 건물을 신축 또는 증축(증축의 경우 바닥면적 합계가 85제곱미터를 초과하는 경우에 한정한다)하고 그 건물의 취득일 또는 증축일부터 5년 이내에 해당 건물을 양도하는 경우로서 감정가액 또는 환산취득가액을 그 취득가액으로 하는 경우에는 해당 건물의 감정가액(증축의 경우 증축한 부분에 한정한다) 또는 환산취득가액(증축의 경우 증축한 부분에 한정한다)의 100분의 3에 해당하는 금액을 양도소득 결정세액에 더한다.
⑤ 예정신고납부시 납부할 세액이 1천 8백만원인 경우 8백만원을 납부기한이 지난 후 2개월 이내에 분납할 수 있다.

34 소득세법령상 양도소득과세표준 예정신고 및 결정·경정에 관한 설명으로 옳지 않은 것은?

① 건물을 양도(부담부증여 아님)한 경우에는 그 양도일이 속하는 달의 말일부터 2개월 내에 예정신고를 하여야 한다.
② 법령상의 토지거래계약에 관한 허가구역에 있는 토지를 양도할 때 토지거래계약허가(허가를 받은 후 허가구역 지정이 해제됨)를 받기 전에 대금을 청산한 경우에는 그 허가일이 속하는 달의 말일부터 2개월 내에 예정신고를 하여야 한다.
③ 해당 과세기간에 누진세율의 적용대상 자산에 대한 예정신고를 2회 이상 하는 경우에는 이미 신고한 양도소득금액과 합산하여 신고하여야 한다.
④ 납세지 관할 세무서장 또는 지방국세청장은 예정신고를 하여야 할 자가 그 신고를 하지 아니한 경우에는 해당 거주자의 양도소득과세표준과 세액을 결정한다.
⑤ 건물을 부담부증여하는 경우 부담부증여의 채무액에 해당하는 부분으로서 양도로 보는 경우에는 그 양도일이 속하는 달의 말일부터 3개월 내에 예정신고를 하여야 한다.

✓ Key Point 국외자산양도에 대한 양도소득세 (필수서 p.68)

1. 납세의무자: 5년 이상
2. 국외자산 양도소득의 범위(과세대상자산): 등기 여부와 관계없이 과세
   cf 환율변동으로 인한 환차익을 제외
3. 양도가액·취득가액의 산정: 실지거래가액
4. 필요경비개산공제: 적용 배제
5. 장기보유특별공제: 적용 배제
6. 양도소득기본공제: 적용(소득별, 연 250만원)
7. 양도차익의 외화환산: 기준환율(USD: ₩) 또는 재정환율(USD 이외: ₩)
8. 국외자산 양도소득세의 세율: 기본세율(6 ~ 45%)
   cf 국내자산과 비교: 미등기양도세율, 보유기간 관계없음
9. 외국납부세액의 공제(둘 중 선택 가능)
   ① 산출세액에서 공제하는 방법(외국납부세액공제방법)
   ② 필요경비에 산입하는 방법
10. 분할납부 ○, 물납 ×

35 「소득세법」상 국외자산 양도에 관한 설명으로 틀린 것은?

① 「소득세법」상 국외자산의 양도에 대한 양도소득세 과세에 있어서 국내자산의 양도에 대한 양도소득세 규정 중 기준시가의 산정은 준용하지 않는다.
② 장기보유특별공제는 국외자산의 보유기간이 3년 이상인 경우에만 적용된다.
③ 양도차익 계산시 필요경비의 외화환산은 지출일 현재 「외국환거래법」에 의한 기준환율 또는 재정환율에 의한다.
④ 미등기 국외토지에 대한 양도소득세율은 6%~45%이다.
⑤ 국외주택 양도소득에 대하여 납부하였거나 납부할 국외주택 양도소득세액은 해당 과세기간의 국외주택 양도소득금액 계산상 필요경비에 산입할 수 있다.

Key Point 비과세 양도소득 (필수서 p.72)

1. 파산선고에 의한 처분으로 발생하는 소득
2. 농지의 교환 또는 분합으로 인하여 발생하는 소득: ① + ② **동시충족**
   (1) **사유요건**(어느 하나에 해당하는 경우)
      ① **국가** 또는 **지방자치단체**가 시행하는 사업
      ② **국가** 또는 **지방자치단체**가 소유하는 토지와 교환
      ③ **경작상 필요**에 의하여 교환하는 농지. 다만, 교환에 의하여 새로이 취득하는 농지를 3년 이상 농지소재지에 거주하면서 경작하는 경우에 한한다.
         cf 새로운 농지의 취득 후 3년 이내에 수용되는 경우에는 3년 이상 농지소재지에 거주하면서 경작한 것으로 본다.
      ④ 「농어촌정비법」 등에 의하여 교환 또는 분합하는 농지
   (2) **금액요건**
      쌍방 토지가액의 차액이 가액이 큰 편의 4분의 1 이하인 경우
3. **1세대 1주택**(고가주택은 제외)과 이에 딸린 토지(주택부수토지)의 양도로 발생하는 소득
4. 조합원입주권을 1개 보유한 1세대가 법정 요건을 충족하여 양도하는 경우 해당 조합원입주권을 양도하여 발생하는 소득
5. 「지적재조사에 관한 특별법」 제18조에 따른 경계의 확정으로 지적공부상의 면적이 감소되어 같은 법 제20조에 따라 지급받는 조정금
   ● 8년 이상 자경한 농지의 양도, 농지의 대토로 인하여 발생하는 소득: 감면

36 「소득세법」상 농지교환으로 인한 양도소득세와 관련하여 (   )에 들어갈 내용으로 옳은 것은?

> • 「국토의 계획 및 이용에 관한 법률」에 따른 주거지역·상업지역·공업지역 외에 있는 농지(환지예정지 아님)를 경작상 필요에 의하여 교환함으로써 발생한 소득은 쌍방 토지가액의 차액이 가액이 큰 편의 (㉠) 이하이고 새로이 취득한 농지를 (㉡) 이상 농지소재지에 거주하면서 경작하는 경우 비과세한다.
> • 「국토의 계획 및 이용에 관한 법률」에 따른 개발제한구역에 있는 농지는 (㉢)에 해당하지 아니한다(단, 소유기간 중 개발제한구역 지정·변경은 없음).

	㉠	㉡	㉢
①	4분의 1	3년	비사업용 토지
②	4분의 1	3년	사업용 토지
③	4분의 1	5년	비사업용 토지
④	4분의 1	5년	사업용 토지
⑤	3분의 1	3년	사업용 토지

✓ Key Point 1세대 1주택의 양도소득에 대한 비과세 (필수서 p.73)

1. **1세대**
   (1) 원칙: 거주자 + 배우자
   (2) 예외: 배우자가 없는 때에도 1세대로 봄

2. **1주택**
   (1) 원칙: 양도일 현재 국내에 1주택을 보유
      ① 주택의 개념: 상시 주거용
      ② 부수토지: 3배, 5배, 10배
      ③ 용도구분: 사실상의 용도
      ④ 다가구주택(각각): 하나의 매매단위 → 전체를 하나의 주택
   (2) 겸용주택: 면적
   (3) 고가주택: 양도당시 실지거래가액의 합계액이 12억원을 초과
   (4) 1세대 1주택의 특례(1세대 2주택)
      ① 원칙: 과세
      ② 예외: 1세대 1주택으로 본다.
         ㉠ 일시적인 2주택의 경우: 1년 이상 지난 후, 3년 이내 종전의 주택
         ㉡ 상속: 일반주택
         ㉢ 동거봉양: 합친 날부터 10년 이내 먼저 양도하는 주택
         ㉣ 혼인: 혼인한 날부터 5년 이내 먼저 양도하는 주택
         ㉤ 문화재주택: 일반주택
         ㉥ 농어촌주택: 일반주택
         ㉦ 지방주택(수도권 밖에 소재하는 주택): 3년 이내 일반주택

3. **2년 이상 보유**
   (1) 원칙: 양도일 현재 해당 주택의 보유기간이 2년 이상
      cf 2017년 8월 3일 이후 취득 당시 조정대상지역: 거주기간 2년 이상
   (2) 예외: 보유기간 및 거주기간의 제한을 받지 아니하는 경우
      ① 5년 이상 거주: 임대주택
      ② 거주기간에 제한 ×
         ㉠ 수용
         ㉡ 이민: 출국일부터 2년 이내 양도
         ㉢ 유학, 주재원 파견: 출국일부터 2년 이내 양도
      ③ 1년 이상 거주: 취학(고등학교 이상), 근무상의 형편, 질병의 치료 또는 요양, 학교 폭력으로 인한 전학

37 1세대 1주택 비과세요건을 충족하는 거주자 甲이 다음과 같은 건물(수도권 내 녹지지역에 소재)을 취득한 후 7억원에 양도하였을 경우 양도소득세의 비과세 범위로 옳은 것은?

> ㉠ 대지면적: 2,400m²
> ㉡ 건물 연면적: 400m²
> ㉢ 주거용으로 사용되는 건물면적: 300m²
> ㉣ 상업용으로 사용되는 건물면적: 100m²

① 대지 2,000m², 건물 400m²
② 대지 1,800m², 건물 400m²
③ 대지 2,000m², 건물 300m²
④ 대지 1,800m², 건물 100m²
⑤ 모두 비과세된다.

38 다음의 사례에서 양도소득세가 과세되는 양도차익은?

> ㉠ 양도물건: 1세대 1주택(1년 6개월 보유)
> ㉡ 양도당시 실지거래가액: 20억원
> ㉢ 양도차익: 5억원

① 비과세   ② 4천만원   ③ 1억원   ④ 2억원   ⑤ 5억원

39 「소득세법」상 1세대 1주택(고가주택 제외) 비과세규정에 관한 설명으로 틀린 것은? (단, 거주자의 국내주택을 가정)

① 1세대 1주택 비과세규정을 적용하는 경우 부부가 각각 세대를 달리 구성하는 경우에도 동일한 세대로 본다.
② 국내에 주택 1채와 토지를, 국외에 1채의 주택을 소유하고 있는 거주자 甲이 2025년 중 국내주택을 먼저 양도하는 경우 2년 이상 보유한 경우라도 1세대 2주택에 해당하므로 양도소득세가 과세된다.
③ 1세대 1주택에 대한 비과세 규정을 적용함에 있어 하나의 건물이 주택과 주택 외의 부분으로 복합되어 있는 경우 주택의 연면적이 주택 외의 연면적보다 클 때에는 그 전부를 주택으로 본다.
④ 1주택을 보유하는 자가 1주택을 보유하는 자와 혼인함으로써 1세대가 2주택을 보유하게 되는 경우 혼인한 날부터 10년 이내에 먼저 양도하는 주택(보유기간 및 거주기간 4년)은 비과세한다.
⑤ 「해외이주법」에 따른 해외이주로 세대전원이 출국하는 경우 출국일 현재 1주택을 보유하고 있고 출국일부터 2년 이내에 당해 주택을 양도하는 경우 보유기간 및 거주기간 요건을 충족하지 않더라도 비과세한다.

✅ Key Point 이월과세(양도소득의 필요경비 계산 특례) **(필수서 p.80)**

(= 배우자·직계존비속 간 증여재산에 대한 이월과세)
(토지, 건물, 부동산을 취득할 수 있는 권리, 특정시설물이용권·회원권)

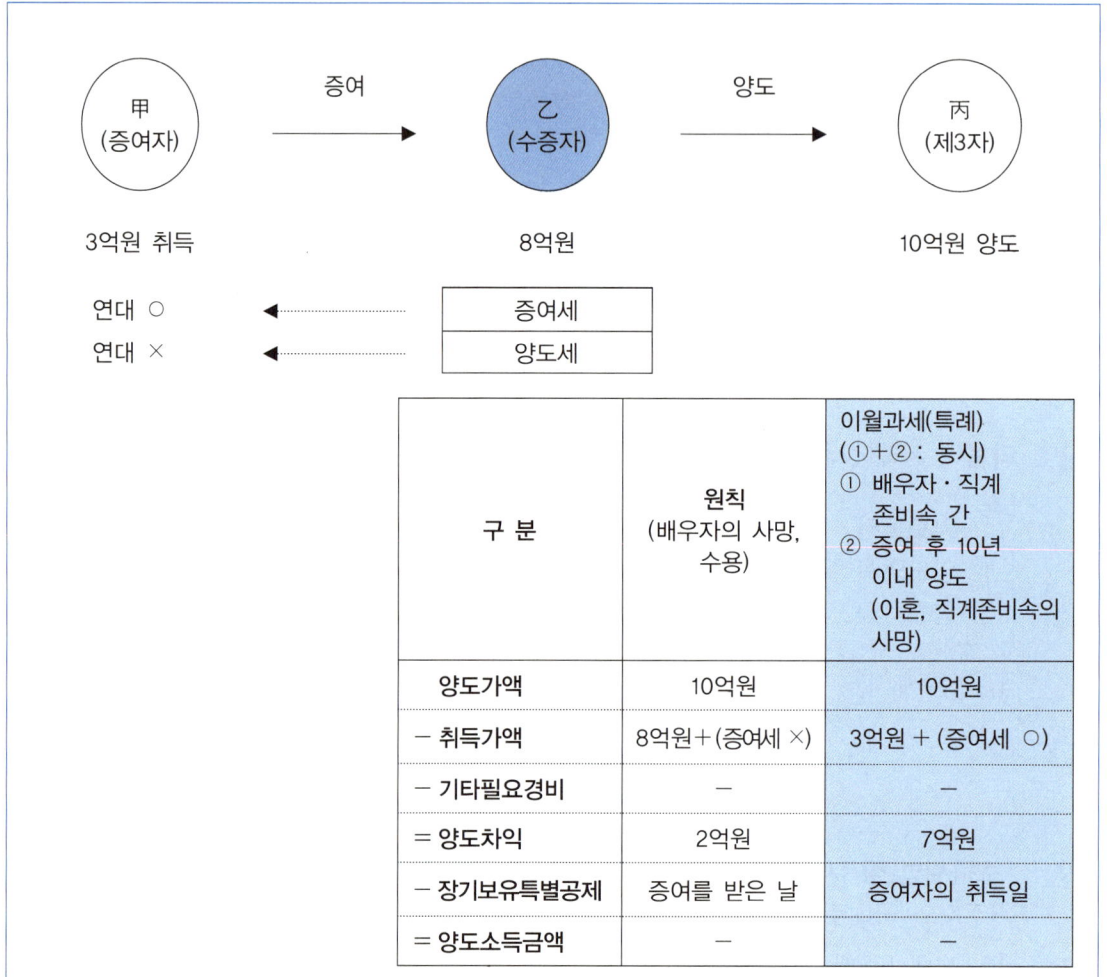

> ⚠️ 주의 이월과세의 적용배제 ⇨ 원칙

1. 사업인정고시일부터 소급하여 2년 이전에 배우자·직계존비속으로부터 증여받은 경우로서 법률에 따라 협의매수 또는 수용된 경우
2. 이월과세를 적용할 경우 1세대 1주택의 양도소득에 대한 비과세대상 주택의 양도에 해당하게 되는 경우
3. 이월과세를 적용하여 계산한 양도소득결정세액이 이월과세를 적용하지 않고 계산한 양도소득결정세액보다 적은 경우

40 「소득세법」상 거주자 甲이 2019년 1월 20일에 취득한 건물(취득가액 3억원)을 甲의 배우자 乙에게 2023년 3월 5일자로 증여(해당 건물의 시가 8억원)한 후, 乙이 2025년 5월 20일에 해당 건물을 甲·乙의 특수관계인이 아닌 丙에게 10억원에 매도하였다. 해당 건물의 양도소득세에 관한 설명으로 틀린 것은? (단, 취득·증여·매도의 모든 단계에서 등기를 마침)

① 양도소득세 납세의무자는 乙이다.
② 양도소득금액 계산시 장기보유특별공제가 적용된다.
③ 양도차익 계산시 양도가액에서 공제할 취득가액은 3억원이다.
④ 乙이 납부한 증여세는 양도소득세 납부세액 계산시 필요경비에 산입한다.
⑤ 양도소득세에 대해 甲과 乙이 연대하여 납세의무를 진다.

41 다음은 「소득세법」 제97조의2 [양도소득의 필요경비 계산 특례]에 대한 내용이다. 틀린 것은? (단, 2023년 1월 1일 이후 증여받은 것으로 가정함)

① 거주자가 양도일부터 소급하여 10년 이내에 그 배우자 또는 직계존비속으로부터 증여받은 토지·건물이나 부동산을 취득할 수 있는 권리·특정시설물이용권의 양도차익을 계산할 때 양도가액에서 공제할 취득가액은 그 배우자 또는 직계존비속의 취득 당시 금액으로 한다.
② 양도 당시 혼인관계가 소멸된 경우를 포함하되, 사망으로 혼인관계가 소멸된 경우는 제외한다.
③ 이월과세를 적용하여 계산한 양도소득결정세액이 이월과세를 적용하지 않고 계산한 양도소득결정세액보다 적은 경우 이월과세를 적용하지 아니한다.
④ 거주자가 증여받은 자산에 대하여 납부하였거나 납부할 증여세 상당액이 있는 경우에는 필요경비에 산입한다.
⑤ 장기보유특별공제 보유기간 적용시 증여를 받은 날부터 기산(起算)한다.

✓ Key Point 저가양도 · 고가양수 (필수서 p.82)

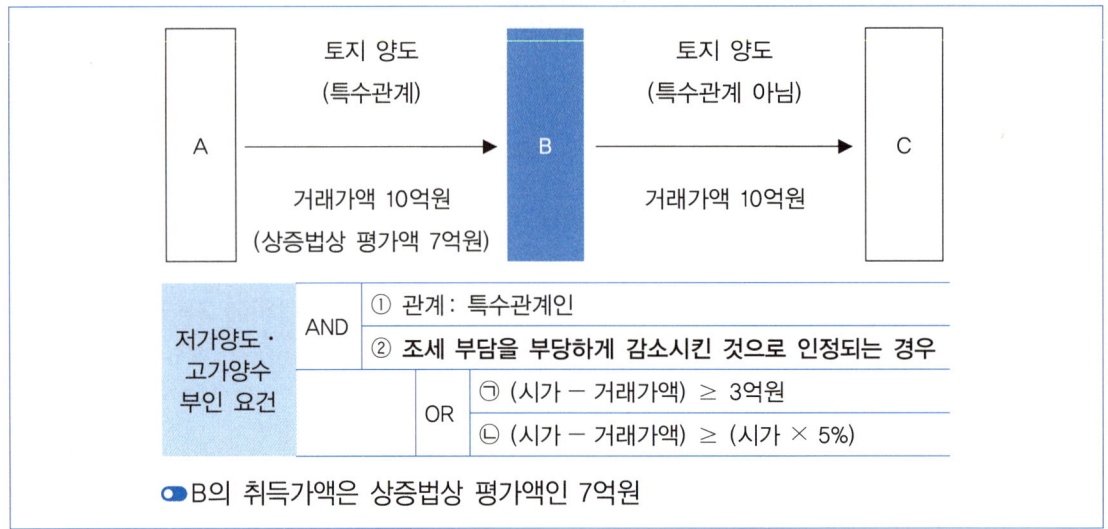

42. 甲이 2025년 3월 5일에 특수관계인 乙로부터 토지를 3억 1천만원(시가 3억원)에 취득한 경우 양도차익 계산시 취득가액은 얼마인가? (다만, 甲·乙은 거주자이고, 배우자 및 직계존비속 관계가 없음)

① 285,000,000원
② 300,000,000원
③ 310,000,000원
④ 315,000,000원
⑤ 320,000,000원

✓ Key Point 증여 후 양도행위의 부인(우회양도 부인) (필수서 p.82)

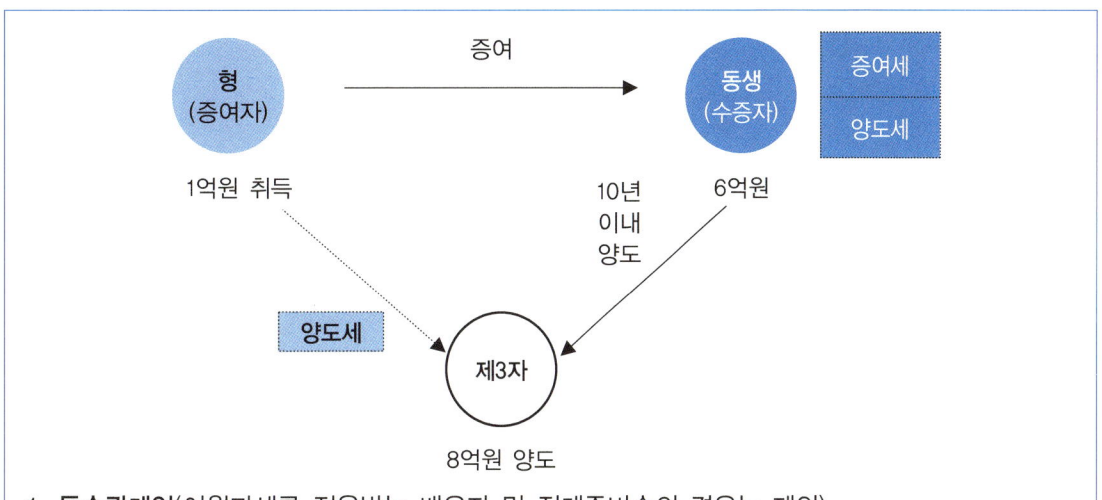

1. **특수관계인**(이월과세를 적용받는 배우자 및 직계존비속의 경우는 제외)
2. **조세 부담을 부당하게 감소시킨 것으로 인정되는 경우**
   ⇨ [수증자(동생)의 증여세 + 양도세] < [증여자(형)의 양도세]
   ⇨ 부인
   ① 양도세 납세의무자: 증여자(형)[수증자(동생)는 연대납세의무]
   ② 수증자(동생)의 증여세: 부과를 취소하고 환급
3. **적용 배제**: 양도소득이 해당 수증자(동생)에게 실질적으로 귀속된 경우

---

43 다음은 「소득세법」 제101조 [양도소득의 부당행위계산] 중 우회양도부인에 대한 설명이다. 틀린 것은?

① 거주자가 특수관계인(제97조의2 제1항을 적용받는 배우자 및 직계존비속의 경우는 제외한다)에게 자산을 증여한 후 그 자산을 증여받은 자가 그 증여일부터 10년 이내에 다시 타인에게 양도한 경우로서 증여받은 자의 증여세와 양도소득세를 합한 세액이 증여자가 직접 양도하는 경우로 보아 계산한 양도소득세보다 적은 경우에는 증여자가 그 자산을 직접 양도한 것으로 본다.

② 10년 이내 양도한 자산의 양도소득이 해당 수증자에게 실질적으로 귀속된 경우에는 부당행위계산부인대상에서 제외한다.

③ 양도차익 계산시 취득가액은 증여자의 취득 당시를 기준으로 한다.

④ 증여자에게 양도소득세가 과세되는 경우에는 당초 증여받은 자산에 대해서는 「상속세 및 증여세법」의 규정에도 불구하고 증여세를 부과하지 아니한다.

⑤ 증여자가 부담하여야 할 양도소득세가 증여받은 자가 부담하여야 할 증여세와 양도소득세의 합계액보다 많아 부당행위계산 규정을 적용할 때 증여자의 다른 자산에서 발생한 양도차손이 있는 경우에는 이를 해당 자산에서 발생한 양도차익과 통산하지 아니한다.

> **✓ Key Point** 양도소득세 종합문제

> 1. 각 지문이 어느 파트를 묻는가를 파악한다. (키워드 동그라미)
> 2. 처음 보는 지문은 무조건 통과한다.

44 「소득세법」상 거주자의 양도소득세에 관한 설명으로 틀린 것은? (단, 국내소재 부동산을 양도한 경우임)

① 1세대 2주택을 3년 이상 보유한 자가 등기된 주택(조정대상지역이 아님)을 양도한 경우 장기보유특별공제를 적용받을 수 있다.
② 100분의 70의 양도소득세 세율이 적용되는 미등기 양도자산에 대해서는 양도소득 과세표준 계산시 양도소득기본공제는 적용되지 않는다.
③ 2025년에 양도한 토지에서 발생한 양도차손은 5년 이내에 양도하는 토지의 양도소득금액에서 이월하여 공제받을 수 있다.
④ 1세대 1주택에 대한 비과세 규정을 적용함에 있어 하나의 건물이 주택과 주택 외의 부분으로 복합되어 있는 경우 주택의 연면적이 주택 외의 연면적보다 클 때에는 그 전부를 주택으로 본다.
⑤ 거주자 甲의 부동산양도에 따른 소득세의 납세지는 甲의 주소지를 원칙으로 한다.

45 「소득세법」상 거주자의 양도소득세와 「지방세법」상 거주자의 국내자산 양도소득에 대한 지방소득세에 관한 설명으로 틀린 것은?

① 「소득세법」 제97조의2 제1항에 따라 이월과세를 적용받는 경우 장기보유특별공제의 보유기간은 증여자가 해당 자산을 취득한 날부터 기산한다.
② 같은 해에 여러 개의 자산(모두 등기됨)을 양도한 경우 양도소득기본공제는 해당 과세기간에 먼저 양도한 자산의 양도소득금액에서부터 순서대로 공제한다. 단, 감면소득금액은 없다.
③ 양도소득에 대한 개인지방소득세 과세표준은 종합소득 및 퇴직소득에 대한 개인지방소득세 과세표준과 구분하여 계산한다.
④ 양도소득에 대한 개인지방소득세 과세표준은 「소득세법」상 양도소득과세표준으로 하는 것이 원칙이다.
⑤ 「소득세법」상 보유기간이 8개월인 조합원입주권의 양도소득에 대한 개인지방소득세 세율은 양도소득에 대한 개인지방소득세 과세표준의 1백분의 70을 적용한다.

46 「소득세법」상 거주자의 양도소득세에 관한 설명으로 옳은 것은 몇 개인가? (단, 국내소재 부동산의 양도임)

> ㉠ 1세대 1주택 비과세 요건을 충족하는 고가주택의 양도가액이 15억원이고 양도차익이 5억원인 경우 양도소득세가 과세되는 양도차익은 1억원이다.
> ㉡ 양도소득금액을 계산할 때 부동산을 취득할 수 있는 권리에서 발생한 양도차손은 토지에서 발생한 양도소득금액에서 공제할 수 없다.
> ㉢ 「소득세법」 제97조의2 제1항에 따라 이월과세를 적용받는 경우 장기보유특별공제의 보유기간은 증여자가 해당 자산을 취득한 날부터 기산한다.
> ㉣ 상업용 건물에 대한 새로운 기준시가가 고시되기 전에 취득 또는 양도하는 경우에는 직전의 기준시가에 의한다.
> ㉤ 거주자 甲이 국내소재 1세대 1주택을 4년 6개월 보유·거주한 후 15억원에 양도한 경우 양도차익은 28,950,000원이다(취득가액은 확인 불가능하고 양도당시 기준시가는 5억원, 취득당시 기준시가는 3억 5천만원이며 주어진 자료 외는 고려하지 않는다).

① 0개 ② 1개 ③ 2개
④ 3개 ⑤ 4개

47 「소득세법」상 거주자의 양도소득세에 관한 설명으로 옳은 것은 몇 개인가? (단, 국내소재 부동산의 양도임)

> ㉠ 부동산을 취득할 수 있는 권리에 대한 기준시가는 양도자산의 종류를 고려하여 취득일 또는 양도일까지 납입한 금액으로 한다.
> ㉡ 거주자 甲이 2019년 1월 20일에 취득한 건물을 甲의 배우자 乙에게 2023년 3월 5일자로 증여한 후, 乙이 2025년 10월 28일에 甲·乙의 특수관계인이 아닌 丙에게 양도한 경우 乙이 납부한 증여세는 양도소득세 납부세액 계산시 세액공제된다.
> ㉢ 특수관계인 간의 거래가 아닌 경우로서 취득가액인 실지거래가액을 인정 또는 확인할 수 없어 그 가액을 추계결정 또는 경정하는 경우에는 매매사례가액, 감정가액, 기준시가의 순서에 따라 적용한 가액에 의한다.
> ㉣ 양도차익을 실지거래가액에 의하는 경우 양도가액에서 공제할 취득가액은 그 자산에 대한 감가상각비로서 각 과세기간의 사업소득금액을 계산하는 경우 필요경비에 산입한 금액이 있을 때에는 이를 공제하지 않은 금액으로 한다.
> ㉤ 2018년 4월 1일 이후 지출한 자본적지출액은 그 지출에 관한 증명서류를 수취·보관하지 않고 실제 지출사실이 금융거래 증명서류에 의하여 확인되지 않는 경우에도 양도차익 계산시 양도가액에서 공제할 수 있다.

① 0개 ② 1개 ③ 2개
④ 3개 ⑤ 4개

48 「소득세법」상 거주자의 국내자산 양도소득세 계산에 관한 설명으로 옳은 것은?

① A법인과 특수관계에 있는 주주가 시가 3억원(「법인세법」 제52조에 따른 시가임)의 토지를 A법인에게 5억원에 양도한 경우 양도가액은 5억원으로 본다. 단, A법인은 이 거래에 대하여 세법에 따른 처리를 적절하게 하였다.
② 국세청장이 지정하는 지역에 있는 오피스텔의 기준시가는 토지에 대하여는 개별공시지가로 하고 건물에 대하여는 신축가격, 구조, 용도, 위치, 신축연도 등을 고려하여 매년 1회 이상 국세청장이 산정·고시하는 가액으로 한다.
③ 「국토의 계획 및 이용에 관한 법률」에 따른 개발제한구역에 있는 농지는 비사업용 토지에 해당한다(단, 소유기간 중 개발제한구역 지정·변경은 없음).
④ 이월과세를 적용하여 계산한 양도소득결정세액이 이월과세를 적용하지 않고 계산한 양도소득소득결정세액보다 적은 경우에 이월과세를 적용한다.
⑤ 취득원가에 현재가치할인차금이 포함된 양도자산의 보유기간 중 사업소득금액 계산시 필요경비로 산입한 현재가치할인차금 상각액은 양도차익을 계산할 때 취득가액에서 공제한다.

49 「소득세법」상 거주자의 양도소득세에 관한 설명으로 옳은 것은 몇 개인가?

㉠ 이미 납부한 확정신고세액이 관할세무서장이 결정한 양도소득 총결정세액을 초과할 때에는 해당 결정일부터 90일 이내에 환급해야 한다.
㉡ 과세기간별로 이미 납부한 확정신고세액이 관할세무서장이 결정한 양도소득 총결정세액을 초과한 경우 다른 국세에 충당할 수 없다.
㉢ 거주자가 특수관계인과의 거래(시가와 거래가액의 차액이 5억원임)에 있어서 토지를 시가에 미달하게 양도함으로써 조세의 부담을 부당히 감소시킨 것으로 인정되는 때에는 그 양도가액을 시가에 의하여 계산한다.
㉣ 부동산에 관한 권리의 양도로 발생한 양도차손은 토지의 양도에서 발생한 양도소득금액에서 공제할 수 없다.
㉤ 이월과세를 적용하여 계산한 양도소득결정세액이 이월과세를 적용하지 않고 계산한 양도소득결정세액보다 적은 경우에 이월과세를 적용한다.

① 1개 ② 2개 ③ 3개
④ 4개 ⑤ 5개

50 소득세법령상 양도소득에 관한 설명으로 옳은 것은?

① 「도시개발법」에 따른 환지처분으로 지목이 변경되는 경우는 양도로 본다.
② 국가가 시행하는 사업으로 인하여 교환하는 농지로서 교환하는 쌍방 토지가액의 차액이 가액이 큰 편의 5분의 1인 농지의 교환으로 발생하는 소득은 양도소득세가 비과세된다.
③ 파산선고에 의한 처분으로 발생하는 소득은 양도소득세가 과세된다.
④ 취득에 관한 쟁송이 있는 자산에 대하여 그 소유권을 확보하기 위하여 직접 소요된 소송비용으로서 그 지출한 연도의 각 종합소득금액의 계산에 있어서 필요경비에 산입된 것은 양도차익 계산시 공제된다.
⑤ 양도소득세 과세대상인 신탁 수익권을 양도한 경우 양도일이 속하는 반기의 말일부터 2개월 이내에 양도소득과세표준을 신고해야 한다.

Chapter 04 취득세 : 20문제 [51 ~ 70]

✓ Key Point 취득 (필수서 p.85 ~ p.86)

취 득	사실상의 취득	원시취득	토지	공유수면매립·간척
			건축물	건축 (신축과 재축)
		승계취득	유상승계	매매, 교환, 현물출자
			무상승계	상속, 증여
	취득의제 (간주취득)	토지	지목변경	임야 ⇨ 대지
		건축물	건축(신축과 재축은 제외), 개수	
		과점주주 의 취득	50%초과, 설립 ×	① 최초(모두) ② 증가된 경우(증가분)

1. 건 축

—		건축		—
원시취득	⇦	신축		취득의제
(신축, 재축)		증축	⇨	건축(신축, 재축 제외)
	⇦	재축		⇨ 증축, 개축, 이전
① 과표 : 사실상 취득가격		개축	⇨	① 과표 : 사실상 취득가격
② 세율 : 2.8%		이전	⇨	② 세율 : 2.8%

2. 토지의 지목변경

구 분	△△	→	□
지 목	임 야	—	대 지
시가표준액	100,000,000원	—	300,000,000원
소요된 비용	—	50,000,000원	—
① 과세표준	—	변경으로 증가한 가액에 해당하는 사실상 취득가격 200,000,000원 (3억원 − 1억원)	—
② 세율 : 2% (세율의 특례)	—	2% (중과기준세율)	—
③ 산출세액	—	4,000,000원	—

51 취득세가 과세되는 경우를 설명한 것 중 틀린 것은?

① 무허가 건물을 신축하는 경우
② 증여에 의하여 차량을 취득한 경우
③ 상속에 의하여 임야를 취득한 경우
④ 매매에 의하여 골프 회원권을 취득한 경우
⑤ 국가, 지방자치단체 또는 지방자치단체조합에 귀속 또는 기부채납을 조건으로 취득하는 부동산

52 「지방세법」상 부동산의 유상취득으로 보지 않는 것은?

① 공매를 통하여 배우자의 부동산을 취득한 경우
② 파산선고로 인하여 처분되는 직계비속의 부동산을 취득한 경우
③ 배우자의 부동산을 취득한 경우로서 그 취득대가를 지급한 사실을 증명한 경우
④ 권리의 이전이나 행사에 등기가 필요한 부동산을 직계존속과 서로 교환한 경우
⑤ 증여자의 채무를 인수하는 부담부증여로 취득한 경우로서 그 채무액에 상당하는 부분을 제외한 나머지 부분의 경우

53 다음 중 취득세가 부과되지 않는 경우는?

① 토지에 대한 증여의 계약은 있었으나 아직 소유권이전등기를 하지 않은 경우
② 차량을 사실상 취득하였지만 등록을 하지 않은 경우
③ 공유수면의 매립·간척에 의한 농지 외의 토지를 조성한 경우
④ 주문을 받아 건조하는 선박의 경우
⑤ 토지의 지목이 임야에서 대지로 변경되어 그 가액이 증가한 경우

✓ Key Point 과점주주(50% 초과 + 실질적 행사) (필수서 p.87)

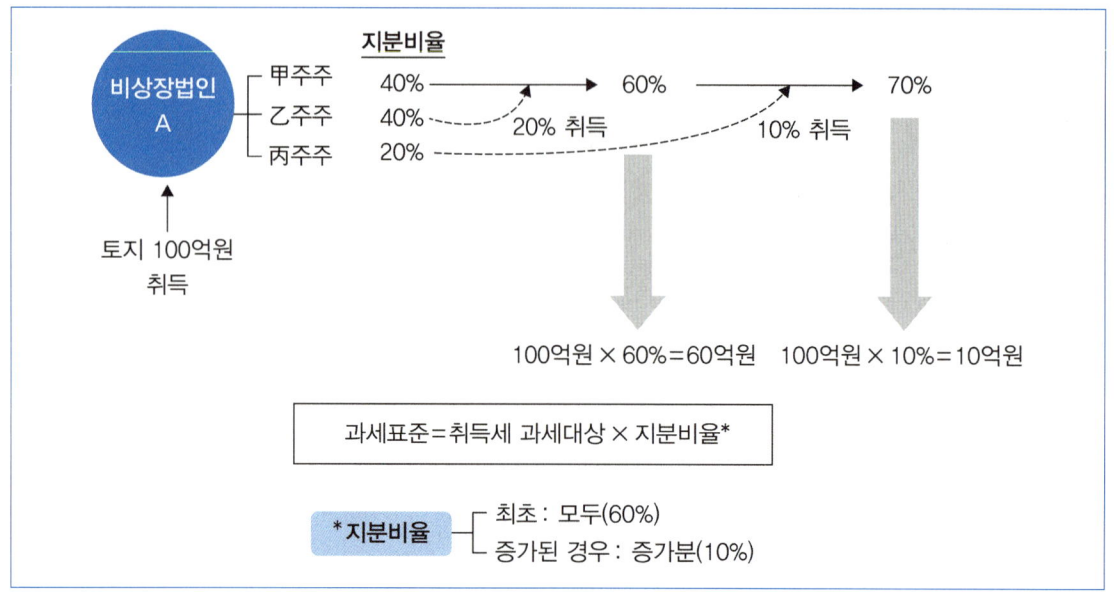

54 「지방세법」상 과점주주의 간주취득세에 대한 설명 중 틀린 것은 몇 개인가? (단, 주식발행법인은 「자본시장과 금융투자업에 관한 법률 시행령」 제176조의9 제1항에 따른 유가증권시장에 상장한 법인이 아니며, 「지방세특례제한법」은 고려하지 않음)

㉠ 법인설립시 발행하는 주식을 취득함으로써 「지방세기본법」에 따른 과점주주가 되었을 때에는 그 과점주주가 해당 법인의 부동산 등을 취득한 것으로 본다.
㉡ 과점주주가 취득한 것으로 보는 해당 법인의 부동산 등의 취득당시가액은 해당 법인의 결산서와 그 밖의 장부 등에 따른 부동산 등의 총가액을 그 법인의 주식 또는 출자의 총수로 나눈 가액에 과점주주가 취득한 주식 또는 출자의 수를 곱한 금액으로 한다.
㉢ 법인 설립 후 유상증자시에 주식을 취득하여 최초로 과점주주가 된 경우 취득세 납세의무가 있다.
㉣ 과점주주 집단 내부에서 주식이 이전되었으나 과점주주 집단이 소유한 총주식의 비율에 변동이 없는 경우 과점주주 간주취득세의 납세의무는 없다.

① 0개　　　　　② 1개　　　　　③ 2개
④ 3개　　　　　⑤ 4개

55 甲은 판매업을 영위하는 비상장법인인 ㈜박문각의 주식을 소유하고 있다. 甲의 지분율의 변동내역과 법인의 자산내역이 다음과 같은 경우 甲의 2025년 5월 19일 주식 취득시 취득세 과세표준을 계산하면?

구 분	2024년 3월 25일	2025년 5월 19일
지분율 변동사유	설립시 취득	주식매입
주식 지분율	40%	60%

〈2025년 5월 19일 현재 ㈜박문각의 자산내역〉
㉠ 토지 : 10억원
㉡ 건물 : 5억원
㉢ 차량 : 2억원
㉣ 골프 회원권 : 3억원
㉤ ㈜삼성전자 주식 : 10억원

① 0원
② 4억원
③ 8억원
④ 12억원
⑤ 18억원

✓ Key Point 취득세 과세대상 (필수서 p.89)

1. 토 지
2. 건축물 : 사실상 용도에 따라 과세, 무허가 건축물도 과세
3. 차량, 기계장비, 선박, 항공기
    cf 원시취득 : 과세 제외, 승계취득 : 과세
4. 광업권, 어업권, 양식업권
    cf 출원에 의한 원시취득은 면제, 승계취득은 과세
5. 입 목
6. 골프 회원권, 승마 회원권, 콘도미니엄 회원권, 종합체육시설이용 회원권, 요트 회원권

56 다음은 취득세에 있어서 취득의 범위와 과세대상에 대한 설명이다. 틀린 것은?

① 부동산 등의 유상취득은 물론이고 증여·기부·상속 등의 무상취득인 경우에도 취득세가 과세된다.
② 비상장법인의 주주인 甲은 법인 설립시 70%의 주식을 취득하였고 비상장법인의 취득세 과세대상은 100억원인 경우 과점주주의 취득세 과세표준은 70억원이다.
③ 차량·기계장비·항공기 및 주문에 의하여 건조하는 선박은 승계취득인 경우에만 취득세를 과세한다.
④ 비상장법인의 주주인 甲은 2023년 법인 설립시 40% 지분비율이었다가 2024년에 30%를 증자로 추가 취득한 후 30%를 양도한 후 2025년에 다시 40%의 지분을 추가 취득한 경우 취득으로 간주되는 지분비율은 10%이다.
⑤ 공매를 통하여 배우자의 부동산을 취득한 경우 유상취득에 해당한다.

> **Key Point** 취득세 납세의무자 (필수서 p.90)

1. 원칙: 사실상의 취득자
2. 예 외
   (1) **주체구조부 취득자**: 건축물 중 조작설비 ~ 주체구조부 취득자 외의 자가 가설한 경우에도
   (2) **변경시점의 소유자**: 토지의 지목을 사실상 변경하는 경우
   (3) **상속인**
   (4) **조합원**: 주택조합 등이 해당 조합원용으로 취득
   (5) **과점주주**(50% 초과 + 실질적 행사)
      ① 최초 → 모두
      ② 증가된 경우 → 증가분
      ③ 설립시 과점주주: 취득으로 보지 아니한다.

57 다음은 취득세의 납세의무자에 대한 설명이다. 틀린 것은?

① 취득세는 부동산, 차량, 기계장비, 항공기, 선박, 입목, 광업권, 양식업권, 어업권, 골프 회원권, 승마 회원권, 콘도미니엄 회원권, 종합체육시설 이용 회원권 또는 요트 회원권을 취득한 자에게 부과한다.

② 부동산 등의 취득은 「민법」, 「자동차관리법」, 「건설기계관리법」, 「항공법」, 「선박법」, 「입목에 관한 법률」, 「광업법」 또는 「수산업법」 등 관계 법령에 따른 등기·등록 등을 하지 아니한 경우라도 사실상 취득하면 각각 취득한 것으로 보고 해당 취득물건의 소유자 또는 양수인을 각각 취득자로 한다.

③ 법인의 주식 또는 지분을 취득함으로써 「지방세기본법」 제47조 제2호에 따른 과점주주가 되었을 때에는 그 과점주주가 해당 법인의 부동산 등(법인이 「신탁법」에 따라 신탁한 재산으로서 수탁자 명의로 등기·등록이 되어 있는 부동산 등을 포함한다)을 취득(법인설립시에 발행하는 주식 또는 지분을 취득함으로써 과점주주가 된 경우에는 취득으로 보지 아니한다)한 것으로 본다. 이 경우 과점주주의 연대납세의무에 관하여는 「지방세기본법」 제44조를 준용한다.

④ 증여자의 채무를 인수하는 부담부(負擔附)증여의 경우에는 그 채무액에 상당하는 부분은 부동산 등을 유상으로 취득하는 것으로 본다.

⑤ 건축물 중 조작(造作)설비, 그 밖의 부대설비에 속하는 부분으로서 그 주체구조부(主體構造部)와 하나가 되어 건축물로서의 효용가치를 이루고 있는 것에 대하여는 주체구조부 취득자 외의 자가 가설(加設)한 경우에는 이를 가설한 자가 납세의무자가 된다.

Key Point 취득세 취득시기 (필수서 p.92)

1. **무상승계취득**
   ① 상속: 상속개시일
   ② 증여: 계약일 cf 양도세: 증여를 받은 날
      cf 등기·등록하지 않고 계약이 해제된 사실이 입증: 취득한 것으로 보지 않는다.
2. **유상승계취득**
   ① 사실상의 잔금지급일
   ② 사실상의 잔금지급일을 확인할 수 없는 경우: 계약상의 잔금지급일
      cf 등기·등록하지 않고 계약이 해제된 사실이 입증: 취득한 것으로 보지 않는다.
   ③ 예외: 등기·등록일(계약상 및 사실상 잔금지급일 전에 등기·등록한 경우)
3. **연부취득**: 사실상의 연부금 지급일
4. **건축물을 건축(신축)**: 사용승인서를 내주는 날과 사실상의 사용일 중 빠른 날
5. **주택조합(사용검사를 받은 날), 재건축조합(소유권이전고시일의 다음 날)**
6. **매립·간척으로 인한 원시취득**
   ① 공사준공인가일
   ② 다만, 공사준공인가일 전에 사용승낙·허가를 받거나 사실상 사용하는 경우에는 사용승낙일·허가일 또는 사실상 사용일 중 빠른 날
7. **토지의 지목변경**
   ① 원칙: 사실상 변경된 날과 공부상 변경된 날 중 빠른 날
   ② 예외: 토지의 지목변경일 이전에 사용하는 부분에 대해서는 그 사실상의 사용일
8. **이혼(재산분할)**: 등기·등록일

58 「지방세법」상 취득의 시기 등에 관한 설명으로 틀린 것은?

① 무상취득의 경우 해당 취득물건을 등기·등록한 후 행정안전부령으로 정하는 계약해제신고서(취득일부터 취득일이 속하는 달의 말일부터 3개월 이내에 제출된 것만 해당한다)에 해당하는 서류로 계약이 해제된 사실이 입증되는 경우에는 취득한 것으로 보지 않는다.

② 상속으로 인한 취득의 경우에는 상속개시일에 취득한 것으로 본다.

③ 토지의 지목변경에 따른 취득은 토지의 지목변경일 이전에 사용하는 부분에 대해서는 그 사실상의 사용일을 취득일로 본다.

④ 건축물을 건축 또는 개수하여 취득하는 경우 사용승인서를 내주기 전에 임시사용승인을 받은 경우에는 그 임시사용승인일과 사실상의 사용일 중 빠른 날을 취득일로 본다.

⑤ 유상승계취득의 경우 취득일 전에 등기 또는 등록을 한 경우에는 그 등기일 또는 등록일에 취득한 것으로 본다.

> **✓ Key Point** 취득세 과세표준 (필수서 p.98)

1. 과세표준의 기준 : 취득 당시의 가액. 연부취득(연부금액)
2. 무상취득
   ① 증여 : 시가인정액(매매사례가액, 감정가액, 공매가액 등)
   ② 상속 : 시가표준액
3. 유상승계취득 : 사실상의 취득가격
4. 원시취득 : 사실상 취득가격
5. **토지의 지목변경(임야 → 대지)** : 변경으로 증가한 가액에 해당하는 사실상 취득가격

59 「지방세법」상 취득세의 과세표준에 관한 설명으로 틀린 것은?

① 취득세의 과세표준은 취득 당시의 가액으로 한다. 다만, 연부로 취득하는 경우 취득세의 과세표준은 연부금액(매회 사실상 지급되는 금액을 말하며, 취득금액에 포함되는 계약보증금을 포함한다)으로 한다.

② 상속에 따른 무상취득의 경우에는 「지방세법」 제4조에 따른 시가표준액을 취득당시가액으로 한다.

③ 부동산등을 무상취득(상속은 제외)하는 경우 취득 당시의 가액은 취득시기 현재 불특정 다수인 사이에 자유롭게 거래가 이루어지는 경우 통상적으로 성립된다고 인정되는 가액(매매사례가액, 감정가액, 공매가액 등 대통령령으로 정하는 바에 따라 시가로 인정되는 가액)으로 한다.

④ 오피스텔 외의 건축물의 시가표준액은 건설원가 등을 고려하여 행정안전부장관이 산정·고시하는 건물신축가격기준액에 건물의 구조별·용도별·위치별 지수·건물의 경과연수별 잔존가치율·건물의 규모·형태·특수한 부대설비 등의 유무 및 그 밖의 여건에 따른 가감산율을 적용하여 지방자치단체의 장이 결정한 가액으로 한다.

⑤ 법인이 아닌 자가 토지의 지목을 사실상 변경한 경우로서 사실상취득가격을 확인할 수 없는 경우 취득당시가액은 지목변경 이후의 토지에 대한 시가표준액으로 한다.

> **Key Point** 사실상 취득가격의 범위 등 (필수서 p.101)

1. **사실상의 취득가격**: (직접비용 + 간접비용)
2. 취득대금을 일시급 등으로 지급하여 일정액을 할인받은 경우: 할인된 금액
3. **취득가격에 포함 ○**
    ① 건설자금에 충당한 차입금의 이자(건설자금이자)
        ㉠ 개인 ×
        ㉡ 법인 ○
    ② 할부 또는 연부계약에 따른 이자 상당액
        ㉠ 개인 ×
        ㉡ 법인 ○
    ③ 농지보전부담금, 미술작품의 설치 또는 문화예술진흥기금에 출연하는 금액, 대체산림자원조성비 등 관계법령에 따라 의무적 부담
    ④ 취득에 필요한 용역을 제공받은 대가로 지급하는 용역비·수수료
    ⑤ 취득대금 외에 당사자의 약정에 따른 취득자 조건 부담액과 채무인수액
    ⑥ 매각차손
    ⑦ 「공인중개사법」에 따른 공인중개사에게 지급한 중개보수
        ㉠ 개인 ×
        ㉡ 법인 ○
    ⑧ 붙박이 가구·가전제품 등 건축물의 효용을 유지 또는 증대시키기 위한 설비·시설 등의 설치비용
    ⑨ 정원 또는 부속시설물 등을 조성·설치하는 비용
4. **취득가격에 포함 ×**
    ① 판매를 위한 광고선전비 등의 판매비용
    ② 「전기사업법」 등 법률에 따라 이용하는 자가 분담하는 비용
    ③ 취득물건과는 별개의 권리에 관한 보상 성격으로 지급되는 비용
    ④ 부가가치세

60 「지방세법」상 부동산의 취득세 과세표준을 사실상의 취득가격으로 하는 경우 이에 포함되지 않는 것은? (다만, 아래 항목은 법인이 국가로부터 시가로 유상취득하기 위하여 취득시기 이전에 지급하였거나 지급하여야 할 것으로 가정함)

① 취득대금 외에 당사자의 약정에 따른 취득자 조건 부담액
② 부동산의 건설자금에 충당한 차입금의 이자
③ 연불조건부 계약에 따른 이자상당액 및 연체료
④ 취득대금을 일시급으로 지불하여 일정액을 할인받은 경우 그 할인액
⑤ 취득에 필요한 용역을 제공받은 대가로 지급하는 용역비

Key Point 취득세 표준세율 (필수서 p.104)

부동산 취득	표준세율			
① 상속으로 인한 취득	농지	1천분의 23(2.3%)		
	농지 외의 것	1천분의 28(2.8%)		
② 상속 외의 무상취득(증여)	1천분의 35(3.5%) (비영리사업자의 취득은 2.8%) (조정대상지역 내 + 3억원 이상 주택) : 12% 🔹단, 1세대 1주택자가 소유주택을 배우자·직계존비속에게 증여한 경우 3.5% 적용			
③ 원시취득(신축, 재축)	1천분의 28 (2.8%)	건축(신축, 재축 제외) 또는 개수로 인하여 건축물 면적이 증가할 때 그 증가된 부분 포함		
④ 공유물의 분할(본인지분을 초과하는 부분의 경우는 제외)	1천분의 23(2.3%)			
⑤ 합유물 및 총유물의 분할로 인한 취득	1천분의 23(2.3%)			
⑥ 그 밖의 원인으로 인한 취득 (유상승계취득 : 매매, 교환, 현물출자, 합병 등)	농지		1천분의 30(3%)	
	농지 외의 것		1천분의 40(4%)	
⑦ 유상거래를 원인으로 주택을 취득하는 경우	개인	1주택 (1~3%)	㉠ 6억원 이하	1%
			㉡ 6억원 초과 9억원 이하	$(\text{취득당시가액} \times \dfrac{2}{3억원} - 3) \times \dfrac{1}{100}$
			㉢ 9억원 초과	3%
		-	조정*	비조정
		2주택	8%	1~3%
		3주택	12%	8%
		4주택 이상	12%	12%
	법인			12%
	🔹단, 일시적 2주택은 1주택 세율 적용(1~3%) ***조정**: 조정대상지역, **非조정**: 그 外 지역			

61 「지방세법」상 부동산 취득시 취득세 과세표준에 적용되는 표준세율로 옳은 것을 모두 고른 것은?

> ㉠ 상속으로 인한 농지취득: 1천분의 28
> ㉡ 합유물 및 총유물의 분할로 인한 취득: 1천의 23
> ㉢ 원시취득(공유수면의 매립 또는 간척으로 인한 농지취득 제외): 1천분의 28
> ㉣ 법령으로 정한 비영리사업자의 상속 외의 무상취득: 1천분의 35

① ㉠, ㉡ ② ㉡, ㉢ ③ ㉠, ㉢
④ ㉡, ㉣ ⑤ ㉢, ㉣

62 부동산에 대한 취득세 표준세율로서 옳은 것은?
① 건축(신축과 재축은 제외한다) 또는 개수로 인하여 건축물 면적이 증가할 때 그 증가된 부분: 1천분의 28
② 상속으로 임야 취득: 1천분의 23
③ 공유물의 분할(등기부등본상 본인 지분을 초과하는 부분의 경우에는 제외한다): 1천분의 28
④ 매매로 나대지의 취득: 1천분의 30
⑤ 개인이 증여로 농지 취득: 1천분의 28

63 「지방세법」상 취득세의 표준세율이 가장 높은 것은? (단, 「지방세특례제한법」은 고려하지 않음)
① 유상거래를 원인으로 취득 당시의 가액이 6억원 이하인 상가를 취득
② 비영리사업자의 증여로 인한 농지 취득
③ 교환으로 인한 농지의 취득
④ 배우자로부터 증여받은 농지의 취득
⑤ 상속으로 취득한 상가

> **✓ Key Point** 취득세 중과세율 (필수서 p.105)

1. **사치성 재산**
   [표준세율과 중과기준세율(2%)의 100분의 400을 합한 세율을 적용]
   → [표준세율 + 8%]
   ① 골프장
   ② 고급주택
   ③ 고급오락장
   ④ 고급선박

2. **과밀억제권역 안**: 서울특별시, 인근 수도권
   [표준세율에 1천분의 20(중과기준세율)의 100분의 200을 합한 세율을 적용]
   → [표준세율 + 4%]
   ① 과밀억제권역에서 공장을 신설하거나 증설하기 위하여 사업용 과세물건을 취득하는 경우
   ② 과밀억제권역에서 법인의 본점·주사무소 사업용 부동산 취득

3. **대도시 안**: 과밀억제권역(단, 산업단지 제외)
   [표준세율의 100분의 300에서 중과기준세율(2%)의 100분의 200을 뺀 세율을 적용]
   → [(표준세율 × 3배) − 4%]
   ① 대도시에서 공장을 신설하거나 증설함에 따라 부동산을 취득하는 경우
   ② 대도시에서 법인의 설립·설치·전입에 따른 부동산 취득

64 「지방세법」상 아래의 부동산 등을 신(증)축하는 경우 취득세가 중과(重課)되지 않는 것은 몇 개인가? (단, 지방세법상 중과요건을 충족하는 것으로 가정함)

> ㉠ 병원의 병실
> ㉡ 골프장
> ㉢ 고급주택
> ㉣ 법인 본점의 사무소전용 주차타워
> ㉤ 대도시에서 법인이 사원에 대한 임대용으로 직접 사용할 목적으로 취득한 사원주거용 목적의 공동주택[1구의 건축물의 연면적(전용면적을 말한다)이 60제곱미터 이하임]
> ㉥ 「수도권정비계획법」에 의한 과밀억제권역 안에서 공장을 신설하거나 증설하기 위한 사업용 과세물건

① 1개 ② 2개 ③ 3개
④ 4개 ⑤ 5개

> **Key Point** 취득세 세율의 특례 (필수서 p.105)

1. [표준세율 − 2%]
   ① 환매등기
   ② 상속: 1가구 1주택, 감면대상 농지
   ③ 법인의 합병
   ④ 공유물·합유물의 분할(등기부등본상 본인지분을 초과하지 아니함)
   ⑤ 건축물의 이전(이전한 건축물의 가액이 종전 건축물의 가액을 초과하지 아니함)
   ⑥ 이혼(재산분할청구)
2. 2%(중과기준세율)
   ① **개수**(개수로 인하여 건축물 면적이 증가하지 아니함)
      cf 증가된 부분: 원시취득(2.8%)
   ② **토지의 지목변경**
   ③ **과점주주의 취득**
   ④ 존속기간이 1년을 초과하는 **임시건축물**의 취득

65 「지방세법」상 취득세액을 계산할 때 중과기준세율만을 적용하는 경우는 몇 개인가? (단, 취득세 중과물건이 아님)

> ㉠ 상속으로 인한 취득 중 법령으로 정하는 1가구 1주택 및 그 부속토지의 취득
> ㉡ 공유물의 분할로 인한 취득(등기부등본상 본인지분을 초과하지 아니함)
> ㉢ 건축물의 이전으로 인한 취득(이전한 건축물의 가액이 종전 건축물의 가액을 초과하지 아니함)
> ㉣ 「민법」(이혼한 자 일방의 재산분할청구권 행사)에 따른 재산분할로 인한 취득
> ㉤ 개수로 인한 취득(개수로 인하여 건축물 면적이 증가하지 아니함)
> ㉥ 토지의 지목을 사실상 변경함으로써 그 가액이 증가한 경우
> ㉦ 법인 설립 후 유상 증자시에 주식을 취득하여 최초로 과점주주가 된 경우
> ㉧ 상속으로 농지를 취득한 경우

① 1개   ② 2개   ③ 3개
④ 4개   ⑤ 5개

Key Point 취득세 부과·징수 1 (필수서 p.108)

1. **납세지**: 취득 물건 소재지 관할 특·광·도(부과·징수: 시장·군수·구청장 → 위임징수)
2. **부과·징수**
   (1) **원칙**: 신고 및 납부
   ① 취득한 날부터 <u>60일 이내</u>에 신고·납부
   ② <u>상속</u>: <u>상속개시일이 속하는 달의 말일부터 6개월</u>(외국에 주소를 둔 상속인이 있는 경우에는 9개월) <u>이내</u>에 신고·납부
   ③ 무상취득(상속은 제외한다: 증여): <u>취득일(증여 계약일)이 속하는 달의 말일부터 3개월 이내</u>에 신고·납부
   ④ 취득한 후 **중과세 세율 적용**대상이 되었을 경우: **60일 이내** 산출한 세액에서 이미 납부한 세액(**가산세는 제외**)을 공제하여 신고·납부

   > ● <u>60일 이내</u> 신고·납부
   > ㉠ 일반 세율 → 중과세 세율
   >   [일반 토지 → 5년 이내 고급오락장 부속토지]
   > ㉡ 비과세 → 부과대상
   >   [임시 건축물(모델하우스) → 1년 초과(2%)]
   > ㉢ 과세면제 또는 경감 → 추징대상

   ⑤ 위의 신고·납부기한 이내에 재산권과 그 밖의 권리의 취득·이전에 관한 사항을 공부에 등기하거나 등록하려는 경우에는 **등기 또는 등록 신청서를 등기·등록관서에 접수하는 날까지** 취득세를 신고·납부하여야 한다.

   (2) **예외**: 보통징수
   (3) **통보 등**
   국가 등이 취득세 과세물건을 매각하면 <u>매각일부터 30일 이내</u> 지방자치단체의 장에게 통보하거나 신고하여야 한다.
   (4) **등기자료의 통보**
   ① 등기·등록관서의 장은 <u>취득세가 납부되지 아니하였거나 납부부족액을 발견하였을 때</u>에는 납세지를 관할하는 지방자치단체의 장에게 통보하여야 한다.
   ② 등기·등록관서의 장은 등기 또는 등록 후에 취득세가 납부되지 아니하였거나 납부부족액을 발견하였을 때에는 <u>다음 달 10일까지</u> 납세지를 관할하는 시장·군수·구청장에게 통보하여야 한다.

66 「지방세법」상 취득세의 부과·징수에 관한 설명으로 옳은 것은? (단, 납세자가 국내에 주소를 둔 경우에 한함)

① 상속으로 취득세 과세물건을 취득한 자는 상속개시일로부터 6개월 이내에 과세표준과 세액을 신고·납부하여야 한다.

② 취득세 과세물건을 취득한 후에 그 과세물건이 중과세율의 적용대상이 되었을 때에는 취득한 날부터 60일 이내에 중과세율을 적용하여 산출한 세액에서 이미 납부한 세액(가산세 포함)을 공제한 금액을 신고하고 납부하여야 한다.

③ 취득세 과세물건을 취득한 자가 재산권의 취득에 관한 사항을 등기하는 경우 등기한 후 30일 내에 취득세를 신고·납부하여야 한다.

④ 취득세 납세의무가 있는 법인이 장부 등의 작성과 보존의무를 이행하지 아니한 경우 산출세액의 100분의 20에 상당하는 가산세가 부과된다.

⑤ 토지를 취득한 자자 그 취득한 날부터 1년 이내에 그에 인접한 토지를 취득한 경우 그 전후의 취득에 관한 토지의 취득을 1건의 토지 취득으로 보아 취득세에 대한 면세점을 적용한다.

> **✓ Key Point** 취득세 부과·징수 2 (필수서 p.110)

3. 부족세액의 추징 및 가산세
   (1) 신고불성실가산세: 10%(일반과소), 20%(일반무신고), 40%(부정)
   (2) 납부지연가산세: (① + ② + ③)
      ① 신고납부하는 지방세의 법정납부기한까지 납부하지 아니한 세액 × 일수 × 10만분의 22(0.022%), 연 8.03%(일할)
      ② 납세고지서에 따른 납부기한까지 납부하지 아니한 세액 × 3%(1회)
      ③ 납세고지서에 따른 납부기한이 지난 날부터 1개월이 지날 때마다 × 0.75%(월할)
   (3) **장부** 등의 작성과 보존
      ① **법인**   ② **10%**
4. 중가산세
   (1) 신고를 하지 아니하고 **매각**하는 경우
   (2) 중가산세 = 산출세액 × **80%**
   (3) 중가산세에서 제외되는 재산
      ① 등기 또는 등록이 필요하지 아니하는 과세물건
      ② 지목변경, 주식 등의 취득 등 취득으로 보는 과세물건
5. 기한 후 신고: 무신고
   (1) 법정신고기한까지 과세표준신고서를 제출하지 아니한 자
   (2) 결정하여 통지하기 전
   (3) 가산세 감면: 빨리, 납부지연가산세 감면 ×
      ① 법정신고기한이 지난 후 1개월 이내: 무신고가산세 × 50%
      ② 1개월 초과 3개월 이내: 무신고가산세 × 30%
      ③ 3개월 초과 6개월 이내: 무신고가산세 × 20%
6. 면세점
   (1) 취득가액 50만원 이하   (2) 1년 이내, 인접
7. 부가세: 농어촌특별세, 지방교육세

67 지방세법상 취득세의 부과·징수에 관한 설명이다. 옳은 것은?

① 상속으로 인한 취득의 경우는 상속개시일이 속하는 달의 말일부터 6개월(피상속인이 외국에 주소를 둔 경우에는 9개월) 이내에 신고하고 납부하여야 한다.
② 지목변경, 주식 등의 취득 등 취득으로 보는 과세물건을 사실상 취득한 후 신고를 하지 아니하고 매각하는 경우 중가산세 규정을 적용한다.
③ 취득세액이 50만원 이하일 때에는 취득세를 부과하지 아니한다.
④ 취득세 법정신고기한까지 과세표준신고서를 제출하지 아니한 자가 법정신고기한이 지난 후 3개월 초과 6개월 이내에 기한후신고한 경우 납부지연가산세의 20%를 감면한다.
⑤ 취득세 과세물건을 취득한 후에 그 과세물건이 중과세 세율의 적용대상이 되었을 때에는 대통령령으로 정하는 날부터 60일 이내에 중과세 세율을 적용하여 산출한 세액에서 이미 납부한 세액(가산세는 제외한다)을 공제한 금액을 세액으로 하여 신고하고 납부하여야 한다.

Key Point 취득세 비과세 (필수서 p.114)

1. **국가·지방자치단체 등의 취득**
   ① 모든 취득세 과세대상: 비과세
   ② 외국정부: 상호주의
2. **귀속 또는 기부채납**: 부동산
   ① 귀속 등의 조건을 이행 ×: 과세
   ② 반대급부: 과세
3. **신탁**: 「신탁법」에 따른 신탁으로서 신탁등기가 병행되는 것만 해당
   ① 주택조합 등과 조합원 간의 부동산 취득: 과세
   ② 주택조합 등의 비조합원용 부동산 취득: 과세
4. **환매권의 행사**: 「징발재산정리에 관한 특별조치법」
5. **임시건축물의 취득**: 모델하우스, 공사현장사무소
   ① 존속기간 1년 초과: 과세 (2%) (60일 이내 신고·납부)
   ② 사치성재산: 기간에 상관없이 과세
6. **공동주택의 개수**
   ① 시가표준액이 9억원 이하인 공동주택
   ② 「건축법」에 따른 대수선은 제외(과세)
7. **상속개시 이전에 사용할 수 없는 차량**

68 「지방세법」상 취득세의 비과세에 대한 설명 중 틀린 것은?

① 수익사업용인 모델하우스에 대하여 존속기간이 1년 미만이면 취득세를 비과세한다.
② 「지방세법」상 취득세 비과세 등에서 규정한 「신탁」이라 함은 「신탁법」에 의하여 위탁자가 수탁자에 신탁등기를 하거나 신탁해지로 수탁자가 위탁자에게 이전되거나 수탁자가 변경되는 경우를 말하며, 명의신탁해지로 인한 취득 등은 「신탁법」에 의한 신탁이 아니므로 이에 해당되지 아니한다.
③ 부동산을 취득한 이후에 해당 부동산을 국가나 지방자치단체에 기부채납하기로 국가 등과 계약 등을 한 경우 취득세를 비과세한다.
④ 서울특별시가 구청청사로 취득한 건물은 취득세를 비과세한다.
⑤ 임시용 건축물에 대한 "존속기간 1년 초과" 판단의 기산점은 「건축법」 제20조 규정에 의하여 시장·군수에게 신고한 가설건축물 축조신고서상 존치기간의 시기(그 이전에 사실상 사용한 경우에는 그 사실상 사용일)가 되고, 신고가 없는 경우에는 사실상 사용일이 된다.

> **✓ Key Point** 취득세 종합문제

> 1. 각 지문이 어느 파트를 묻는가를 파악한다. (키워드 동그라미)
> 2. 처음 보는 지문은 무조건 통과한다.

69 「지방세법」상 취득세에 관한 설명으로 틀린 것은 몇 개인가?

> ㉠ 과점주주 집단 내부에서 주식이 이전되었으나 과점주주 집단이 소유한 총주식의 비율에 변동이 없는 경우 간주취득세가 과세된다.
> ㉡ 권리의 이전이나 행사에 등기 또는 등록이 필요한 부동산을 직계존속과 서로 교환한 경우에는 무상으로 취득한 것으로 본다.
> ㉢ 토지의 시가표준액은 세목별 납세의무의 성립시기 당시 「부동산 가격공시에 관한 법률」에 따른 개별공시지가가 공시된 경우 개별공시지가로 한다.
> ㉣ 무주택자인 개인이 유상거래를 원인으로 「지방세법」 제10조에 따른 취득 당시의 가액이 5억원인 주택(「주택법」에 의한 주택으로서 등기부에 주택으로 기재된 주거용 건축물과 그 부속토지로서 고급주택이 아님)을 취득한 경우 취득세 표준세율은 1천분의 10이다.
> ㉤ 법령이 정하는 고급주택에 해당하는 임시건축물의 취득은 취득세가 비과세된다.

① 1개   ② 2개   ③ 3개   ④ 4개   ⑤ 5개

70 「지방세법」상 취득세에 관한 설명으로 틀린 것은?

① 건축(신축·재축 제외)으로 인하여 건축물 면적이 증가할 때에는 그 증가된 부분에 대하여 원시취득으로 보아 해당 세율을 적용한다.
② 상속으로 인한 취득의 경우에는 상속개시일에 취득한 것으로 본다.
③ 토지를 취득한 자가 그 취득한 날부터 1년 이내에 그에 인접한 토지를 취득한 경우 그 전후의 취득에 관한 토지의 취득을 1건의 토지 취득으로 보아 취득세에 대한 면세점을 적용한다.
④ 공사현장사무소 등 임시건축물의 취득에 대하여는 그 존속기간에 관계없이 취득세를 부과하지 아니한다.
⑤ 상속으로 인한 농지취득의 경우 취득세 표준세율은 1천분의 23이다.

Chapter 05 등록면허세 : 5문제 [71 ~ 75]

✓ Key Point   등록면허세 납세의무자 (필수서 p.117)

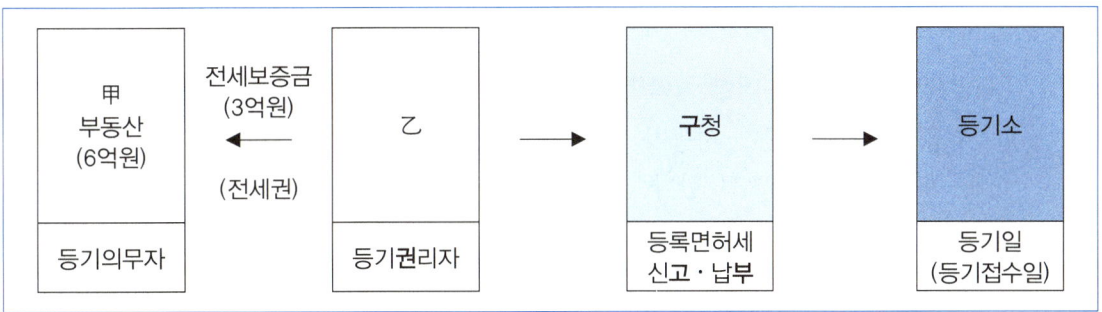

71 등록에 대한 등록면허세 납세의무자에 대한 다음 설명 중 틀린 것은?

① 등록에 대한 등록면허세의 납세의무자는 재산권 기타 권리의 취득·이전·변경 또는 소멸에 관한 사항을 공부에 등기 또는 등록(등재를 포함한다)하는 경우에 그 등기 또는 등록을 받는 자이다.
② 설정된 전세권에 대한 말소등기를 하는 경우 등록면허세 납세의무자는 전세권자이다.
③ 근저당권설정의 경우 등록분 등록면허세의 납세의무자는 채권자인 금융기관 등이 되며, 근저당권말소의 경우에는 채무자가 등록분 등록면허세의 납세의무자이다.
④ 채권자대위등기는 채권자가 채무자 소유의 부동산에 대해 채무자를 대신하여 등기를 신청하는 것으로서 신청자는 채권자이나 등기·등록을 받는 자는 채무자이므로 등록면허세 납세의무자는 신청자가 아닌 채무자이다.
⑤ 소유권 이전등기시 등록면허세 납세의무자는 매수자이다.

Key Point 등록면허세 과세표준 (필수서 p.118)

1. 등록 당시의 가액
2. 신고(cf 신고가 없거나 신고가액이 시가표준액보다 적은 경우) : 시가표준액
   → MAX(신고가액, 시가표준액)
3. 등록 당시에 자산재평가 또는 감가상각 등의 사유로 그 가액이 달라진 경우 : 변경된 가액
4. 채권금액이 없을 때 : 채권의 목적이 된 것의 가액 또는 처분의 제한의 목적이 된 금액

72 「지방세법」상 등록에 대한 등록면허세의 과세표준에 관한 설명으로 틀린 것은?

① 부동산, 선박, 항공기, 자동차 및 건설기계의 등록에 대한 등록면허세의 과세표준은 등록 당시의 가액으로 한다.

② 등록 당시 신고가 없거나 신고가액이 시가표준액보다 적은 경우에는 시가표준액을 과세표준으로 한다.

③ 등록면허세 신고서상 금액과 공부상 금액이 다를 경우 공부상 금액을 과세표준으로 한다.

④ 등록 당시에 감가상각의 사유로 가액이 달라진 경우 그 가액에 대한 증명여부와 관계없이 변경 전 가액을 과세표준으로 한다.

⑤ 채권금액으로 과세액을 정하는 경우에 일정한 채권금액이 없을 때에는 채권의 목적이 된 것의 가액 또는 처분의 제한의 목적이 된 금액을 그 채권금액으로 본다.

✓ Key Point 등록면허세 세율 (필수서 p.120)

1. 부동산 등기

구 분		과세표준	세 율
① 소유권의 보존등기		부동산가액	1천분의 8(0.8%)
② 소유권 이전등기	유 상	부동산가액	1천분의 20(2%)
	무 상	부동산가액	1천분의 15(1.5%) cf 상속 : 0.8%
③ 소유권 외의 물권과 임차권의 설정 및 이전	지상권	부동산가액	1천분의 2(0.2%)
	저당권	채권금액	1천분의 2(0.2%)
	지역권	요역지가액	1천분의 2(0.2%)
	전세권	전세금액	1천분의 2(0.2%)
	임차권	월임대차금액	1천분의 2(0.2%)
④ 경매신청ㆍ가압류ㆍ가처분		채권금액	1천분의 2(0.2%)
⑤ 가등기		부동산가액 또는 채권금액	1천분의 2(0.2%)
⑥ 그 밖의 등기(말소등기, 지목변경, 구조변경 등)		매 1건당	6,000원

● 세율 적용시 유의사항
1. 최저세액 : 등록면허세액이 6천원 미만일 때에는 <u>6천원</u>으로 한다.
2. 세율의 조정 : 지방자치단체의 장은 조례로 정하는 바에 따라 등록면허세의 세율을 부동산등기에 따른 <u>표준세율의 100분의 50</u>의 범위에서 <u>가감</u>할 수 있다.

2. 중과세율 : <u>표준세율의 100분의 300</u>(3배)
   ① 대도시에서 법인의 설립등기
      cf 중과세 예외(도시형 업종) 예 할부금융업, 은행업
   ② 대도시 밖의 법인이 대도시로 전입

73 「지방세법」상 부동산등기에 대한 등록면허세의 표준세율로서 옳은 것은? (단, 표준세율을 적용하여 산출한 세액이 부동산등기에 대한 그 밖의 등기 또는 등록세율보다 크다고 가정함)

① 매매에 의한 소유권 이전 등기 - 부동산가액의 1천분의 20
② 상속으로 인한 소유권 이전 등기 - 부동산가액의 1천분의 15
③ 소유권의 보존 등기 - 부동산가액의 1천분의 28
④ 저당권 - 채권금액의 1천분의 8
⑤ 전세권 - 전세금액의 1천분의 9

> **✓ Key Point** 등록면허세 부과와 징수 (필수서 p.122)

1. 납세지: 부동산 등기 → <u>부동산 소재지</u> → <u>등록관청 소재지</u>
2. 신고 및 납부
   (1) 원칙: 신고 및 납부
      ① 등록을 하기 전까지(등기·등록관서에 접수하는 날까지)
      ② 신고의무 ×, 납부 ○ → 신고를 하고 납부한 것으로 본다.
         → 무신고가산세 및 과소신고가산세를 부과하지 아니한다(용서).
   (2) 예외: 보통징수
   (3) 채권자대위자 신고납부
      ① <u>채권자대위자는</u> 납세의무자를 대위하여 부동산의 등기에 대한 <u>등록면허세를 신고납부할 수 있다.</u> 이 경우 채권자대위자는 행정안전부령으로 정하는 바에 따라 납부확인서를 발급받을 수 있다.
      ② 지방자치단체의 장은 ①에 따른 채권자대위자의 신고납부가 있는 경우 납세의무자에게 그 사실을 <u>즉시 통보</u>하여야 한다.
3. 가산세: 취득세의 가산세 내용과 동일
4. 등록면허세 납부 확인 등: 첨부
5. 부가세
   (1) 지방교육세: 납부하여야 할 세액의 100분의 20
   (2) 농어촌특별세: 감면세액에 100분의 20

74 「지방세법」상 등록에 대한 등록면허세의 신고 및 납부에 관한 설명 중 틀린 것은 몇 개인가?

> ㉠ 등록을 하려는 자는 과세표준에 세율을 적용하여 산출한 세액을 등록을 하기 전까지 납세지를 관할하는 지방자치단체의 장에게 신고하고 납부하여야 한다.
> ㉡ 등록면허세 과세물건을 등록한 후에 해당 과세물건이 중과세 세율의 적용대상이 되었을 때에는 대통령령으로 정하는 날부터 60일 이내에 중과세 세율을 적용하여 산출한 세액에서 이미 납부한 세액(가산세는 제외한다)을 공제한 금액을 세액으로 하여 납세지를 관할하는 지방자치단체의 장에게 대통령령으로 정하는 바에 따라 신고하고 납부하여야 한다.
> ㉢ 신고의무를 다하지 아니한 경우에도 등록면허세 산출세액을 등록을 하기 전까지 납부하였을 때에는 신고를 하고 납부한 것으로 본다. 이 경우 무신고가산세 및 과소신고가산세를 부과하지 아니한다.
> ㉣ 채권자대위자는 납세의무자를 대위하여 부동산의 등기에 대한 등록면허세를 신고납부할 수 있다. 이 경우 채권자대위자는 행정안전부령으로 정하는 바에 따라 납부확인서를 발급받을 수 있다.
> ㉤ 지방자치단체의 장은 채권자대위자의 부동산의 등기에 대한 등록면허세 신고납부가 있는 경우 납세의무자에게 그 사실을 즉시 통보하여야 한다.

① 0개　② 1개　③ 2개　④ 3개　⑤ 4개

✓ Key Point 등록면허세 비과세 (필수서 p.125)

1. **국가**, 지방자치단체, 지방자치단체조합, 외국정부 및 주한국제기구가 **자기를 위하여 받는 등록**
   cf 외국정부: 상호주의
2. 다음의 어느 하나에 해당하는 등록
   ① 촉탁으로 인한 등록
   ② 행정구역의 변경, 주민등록번호의 변경, 지적(地籍) 소관청의 지번 변경, 계량단위의 변경, 등록 담당 공무원의 착오 및 이와 유사한 사유로 인한 등록으로서 주소, 성명, 주민등록번호, 지번, 계량단위 등의 단순한 표시변경·회복 또는 경정 등록
   ③ 그 밖에 지목이 **묘지**인 토지(무덤과 이에 접속된 부속시설물의 부지로 사용되는 토지로서 지적공부상 지목이 묘지인 토지에 관한 등기)

✓ Key Point 등록면허세 종합문제

1. 각 지문이 어느 파트를 묻는가를 파악한다. (키워드 동그라미)
2. 처음 보는 지문은 무조건 통과한다.

75 「지방세법」상 등록에 대한 등록면허세에 관한 설명으로 틀린 것은?

① 甲이 乙소유 부동산에 관해 전세권설정등기를 하는 경우 등록면허세 납세의무자는 전세권자인 甲이다.
② 전세권 설정등기에 대한 등록면허세의 표준세율은 전세금액의 1천분의 2이다.
③ 부동산 등기에 대한 등록면허세의 납세지는 부동산 소재지이다.
④ 등록을 하려는 자가 법정신고기한까지 등록면허세 산출세액을 신고하지 않은 경우로서 등록 전까지 그 산출세액을 납부한 때에도 「지방세기본법」에 따른 무신고가산세가 부과된다.
⑤ 등기 담당 공무원의 착오로 인한 지번의 오기에 대한 경정 등기에 대해서는 등록면허세를 부과하지 아니한다.

Chapter 06 재산세 : 11문제 [76 ~ 86]

✓ Key Point 재산세 과세대상 (필수서 p.126)

토 지	●	cf 주택의 부속토지는 제외	① 분리과세대상 : 개별과세 ② 합산과세대상 : 합산과세
건축물	🏢	① 건축물 ② 시설물 cf 주택용 건물은 제외	개별과세
주 택	🏠	주택용 건물과 부수토지를 통합하여 과세 cf 경계가 명백하지 아니한 경우: 바닥면적의 10배	개별과세
선 박	–	–	개별과세
항공기	–	–	개별과세

1. 개별과세[재산세(주택)]

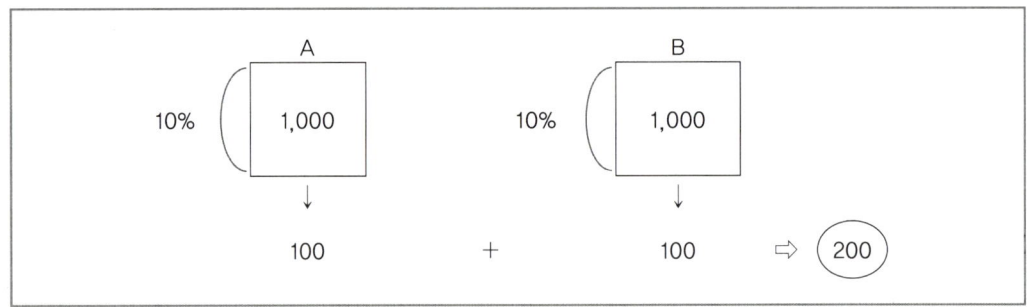

2. 합산과세[재산세(토지 중 종합합산, 별도합산), 종합부동산세, 양도소득세]

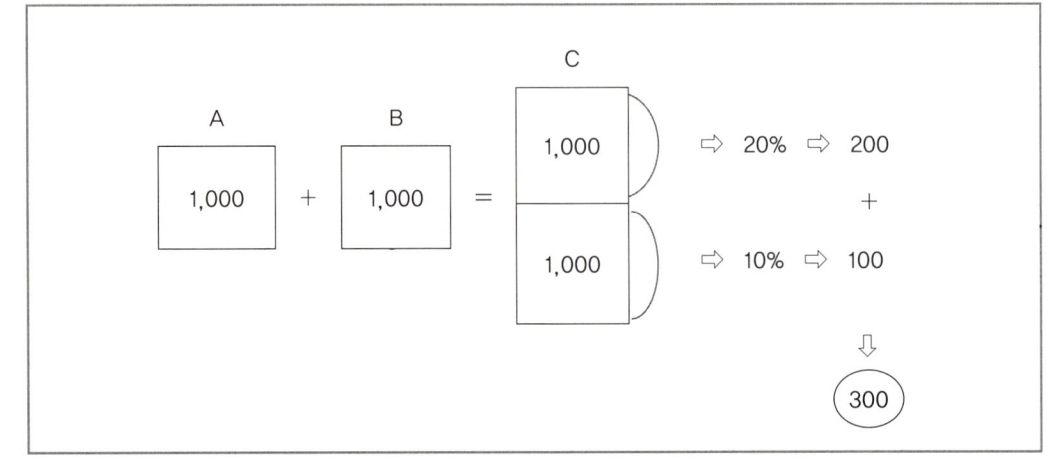

76 「지방세법」상 재산세의 과세대상에 대한 내용 중 틀린 것은 몇 개인가?

㉠ 재산세의 과세대상이 되는 토지는 「공간정보의 구축 및 관리 등에 관한 법률」에 따라 지적공부의 등록대상이 되는 토지이다.
㉡ 1동(棟)의 건물이 주거와 주거 외의 용도로 사용되고 있는 경우에는 주거용으로 사용되는 부분만을 주택으로 본다.
㉢ 주택에 대한 토지와 건물의 소유자가 다를 경우 해당 주택의 토지와 건물의 가액을 합산한 과세표준에 주택의 세율을 적용한다.
㉣ 오피스텔은 「건축법」상 일반 업무시설에 해당하므로 일반적으로 건축물로 과세하나, 현황과세의 원칙에 따라 주거용(주민등록, 취학여부, 임대주택 등록 여부 등)으로 사용하는 경우에 한해 주택으로 과세한다.
㉤ 건축법 시행령 별표 1의 다가구주택은 1세대가 독립하여 구분사용할 수 있도록 구획된 부분을 1구의 주택으로 본다.

① 1개
② 2개
③ 3개
④ 4개
⑤ 5개

Key Point   토지의 과세대상 구분 (필수서 p.128)

- **고율분리과세**: 사치성재산(골프장용 토지, 고급오락장용 건축물의 부속토지) : 4%
- **종합합산과세**: 나대지, 임야   : 0.2% ~ 0.5%(3단계 초과누진세율)
- **별도합산과세**: 일반 영업용 건축물의 부속토지 : 0.2% ~ 0.4%(3단계 초과누진세율)
- **저율분리과세**
  - 공장용지   : 0.2%
  - 농지, 목장용지, 공익목적 임야 : 0.07%

고율분리	사치성 재산	4%	① 골프장용 토지(회원제 골프장) ② 고급오락장으로 사용되는 건축물의 부속토지

종합합산	나대지, 임야	0.2~0.5%
		(3단계 초과 누진세율)
			① 위법, 무허가 건축물의 부속토지: 종합
			② 2% 미달
			   ㉠ 바닥면적: 별도
			   ㉡ 바닥면적을 제외한 부속토지: 종합

별도합산	일반 영업용 건축물의 부속 토지	0.2~0.4%
		(3단계 초과 누진세율)
			① 일반영업용 건축물의 부속토지
			   ㉠ 기준면적 이내: 별도
			   ㉡ 초과: 종합
			② 별도합산 의제 토지
			   ㉠ 차고용 토지
			   ㉡ 자동차운전학원용 토지
			   ㉢ 법인 묘지
			   ㉣ 원형이 보전되는 임야

저율분리	공장 용지	0.2%	① 공장용지
			   ㉠ 초과: 종합
			   ㉡ (주거·상업·녹지지역 + 기준면적 이내): 별도
			② 국가의 보호·지원이 필요한 토지(0.2%)
			   ㉠ 한국토지주택공사　　㉡ 염전
			   ㉢ 재건축　　　　　　㉣ 부동산투자회사
			   ㉤ 터미널용 토지

저율분리	농지, 목장 용지, 공익목적 임야	0.07%	① 농 지
			   ㉠ 경작에 사용 ×: 종합
			   ㉡ 주거·상업·공업지역: 종합
			   ㉢ 법인 및 단체 소유농지: 종합
			     ● 저율분리
			     ⓐ 농업법인　　　ⓑ 한국농어촌공사
			     ⓒ 사회복지사업자　ⓓ 법인이 매립·간척
			     ⓔ 종중
			② 목장용지
			   ㉠ 초과: 종합
			   ㉡ 주거·상업·공업지역: 종합
			③ 공익목적 임야
			   ㉠ 각종 법률
			   ㉡ 종중

77 「지방세법」상 토지에 대한 재산세를 부과함에 있어서 과세대상의 구분(종합합산과세대상, 별도합산과세대상, 분리과세대상)이 잘못된 것은?

① 「도로교통법」에 따라 등록된 자동차운전학원의 자동차운전학원용 토지로서 같은 법에서 정하는 시설을 갖춘 구역 안의 토지 : 별도합산과세대상
② 1990년 5월 31일 이전부터 종중이 소유하고 있는 임야 : 분리과세대상
③ 과세기준일 현재 계속 염전으로 실제 사용하고 있는 토지 : 분리과세대상
④ 「체육시설의 설치·이용에 관한 법률 시행령」에 따른 회원제 골프장이 아닌 골프장용 토지 중 원형이 보전되는 임야 : 분리과세대상
⑤ 일반영업용 건축물로서 건축물의 시가표준액이 해당 부속토지의 시가표준액의 100분의 2에 미달하는 건축물의 부속토지 중 그 건축물의 바닥면적의 토지 : 별도합산과세대상

78 「지방세법」상 토지에 대한 재산세를 부과함에 있어서 과세대상의 구분(종합합산과세대상, 별도합산과세대상, 분리과세대상)이 옳은 것은?

① 회원제 골프장용 토지(회원제 골프장업의 등록시 구분등록의 대상이 되는 토지) : 별도합산과세대상
② 「체육시설의 설치·이용에 관한 법률 시행령」에 따른 회원제 골프장이 아닌 골프장용 토지 중 원형이 보전되는 임야 : 분리과세대상
③ 1990년 1월부터 소유하는 「수도법」에 따른 상수원보호구역의 임야 : 분리과세대상
④ 「도로교통법」에 따라 등록된 자동차운전학원의 자동차운전학원용 토지로서 같은 법에서 정하는 시설을 갖춘 구역 안의 토지 : 분리과세대상
⑤ 「건축법」 등 관계법령에 따라 허가 등을 받아야 할 건축물로서 허가 등을 받지 아니한 건축물의 부속토지 : 별도합산과세대상

Key Point 재산세 과세표준 (필수서 p.130)

1. 토지·건축물에 대한 재산세 과세표준(개인·법인 동일)

   $$\text{시가표준액} \times \text{공정시장가액비율(70\%)}$$

   cf 토지의 시가표준액 = 개별공시지가

2. 주택에 대한 재산세 과세표준(개인·법인 동일)

   $$\text{시가표준액} \times \text{공정시장가액비율(60\%)}$$

   cf ① 단독주택의 시가표준액 = 개별주택가격
   　② 공동주택의 시가표준액 = 공동주택가격

   cf 1세대 1주택(시가표준액이 9억원을 초과하는 주택을 포함)
   　① 시가표준액이 3억원 이하인 주택: 시가표준액의 100분의 43
   　② 시가표준액이 3억원을 초과하고 6억원 이하인 주택: 시가표준액의 100분의 44
   　③ 시가표준액이 6억원을 초과하는 주택: 시가표준액의 100분의 45

   cf 과세표준상한액
   　① 주택의 과세표준이 법정 계산식에 따른 과세표준상한액보다 큰 경우에는 해당 주택의 과세표준은 과세표준상한액으로 한다.
   　② 주택의 경우에는 세부담의 상한을 적용하지 아니한다.

3. 선박·항공기에 대한 재산세 과세표준: 시가표준액

79 「지방세법」상 재산세의 과세표준에 관한 설명으로 옳은 것은?

① 토지의 재산세 과세표준은 개별공시지가로 한다.
② 토지에 대한 과세표준은 사실상 취득가격이 증명되는 때에는 장부가액으로 한다.
③ 건축물의 재산세 과세표준은 거래가격 등을 고려하여 시장·군수·구청장이 결정한 가액으로 한다.
④ 건축물의 재산세 과세표준은 법인의 경우 법인장부에 의해 증명되는 가격으로 한다.
⑤ 주택이 아닌 건축물에 대한 과세표준은 건축물 시가표준액에 100분의 70의 공정시장가액비율을 곱하여 산정한다.

Key Point 재산세 세율 (필수서 p.132)

1. 세율

구 분		과세대상	세 율
표준세율	토 지	고율분리과세 : 사치성 재산 (골프장용토지, 고급오락장용 건축물의 부속토지)	1천분의 40(4%)
		종합합산과세 : 나대지, 임야 ⇨ 시·군별 합산과세	0.2~0.5% (3단계 초과누진세율)
		별도합산과세 : 일반 영업용 건축물의 부속토지 ⇨ 시·군 별 합산과세	0.2~0.4% (3단계 초과누진세율)
		저율분리과세 ⇨ 물건별 과세(개별과세)	—
		① 공장용지	1천분의 2(0.2%)
		② 농지(전·답·과수원), 목장용지, 공익목적 임야	1천분의 0.7(0.07%)
	건축물	주택 이외 건축물(상업용, 공장용) ⇨ 물건별 과세	1천분의 2.5(0.25%)
		① 시지역의 주거지역 내 공장용 건축물	1천분의 5(0.5%)
		② 회원제골프장·고급오락장용 건축물	1천분의 40(4%)
	주 택	① 주택 및 부수토지(주택가액 + 토지가액) ⇨ 주택별 과세(개별과세), 고급주택 포함(중과세 ×)	0.1~0.4% (4단계 초과누진세율)
		② 1세대 1주택에 대한 세율 특례 (시가표준액이 9억원 이하인 주택)	0.05~0.35% (4단계 초과누진세율)
	선 박	일반선박	1천분의 3(0.3%)
		고급선박	1천분의 50(5%)
	항공기	—	1천분의 3(0.3%)
중과세율	건축물	과밀억제권역(산업단지 및 유치지역과 공업지역은 제외)에서 공장 신설·증설에 해당하는 경우 그 건축물	최초의 과세기준일부터 5년간 표준세율(0.25%)의 100분의 500에 해당하는 세율

주의 형광펜
① 재산세 초과누진세율
② 종합부동산세 과세대상

2. 탄력세율

지방자치단체의 장은 특별한 재정수요나 재해 등의 발생으로 재산세의 세율 조정이 불가피하다고 인정되는 경우 조례로 정하는 바에 따라 **표준세율**의 **100분의 50**의 범위 안에서 **가감**할 수 있다. 다만, 가감한 세율은 **해당 연도**에만 적용한다. cf 5년간 (×)

80 다음은 지방세법상 재산세의 세율에 관한 설명이다. 옳은 것은?
① 고급주택(1세대 2주택에 해당): 1천분의 40
② 일반 건축물: 0.1%~0.4% 4단계 초과누진세율
③ 특별시·광역시(군 지역은 제외한다)·시(읍·면지역은 제외한다) 지역에서 「국토의 계획 및 이용에 관한 법률」과 그 밖의 관계 법령에 따라 지정된 주거지역 및 해당 지방자치단체의 조례로 정하는 지역의 공장용 건축물: 1천분의 5
④ 회원제 골프장, 고급오락장용 건축물: 1천분의 50
⑤ 시가표준액이 9억원을 초과하는 1세대 1주택: 1,000분의 0.5부터 1,000분의 3.5까지의 4단계 초과누진세율

81 지방세법상 재산세 과세대상에 대한 표준세율 적용에 대한 설명으로 틀린 것은?
① 「수도권정비계획법」에 따른 과밀억제권역(「산업집적활성화 및 공장설립에 관한 법률」을 적용받는 산업단지 및 유치지역과 「국토의 계획 및 이용에 관한 법률」을 적용받는 공업지역은 제외한다)에서 공장 신설·증설에 해당하는 경우 그 건축물에 대한 재산세의 세율은 최초의 과세기준일부터 5년간 1천분의 2.5의 100분의 500에 해당하는 세율로 한다.
② 주택을 2명 이상이 공동으로 소유하거나 토지와 건물의 소유자가 다를 경우 해당 주택에 대한 세율을 적용할 때 해당 주택의 토지와 건물의 가액을 합산한 과세표준에 세율을 적용한다.
③ 종합합산과세대상토지에 대하여는 납세의무자가 소유하고 있는 해당 지방자치단체 관할구역에 있는 종합합산과세대상이 되는 토지의 가액을 모두 합한 금액을 과세표준으로 하여 0.2%~0.4%의 3단계 초과누진세율을 적용한다.
④ 분리과세대상이 되는 토지에 대하여는 해당 토지의 가액을 과세표준으로 하여 비례세율을 적용한다.
⑤ 「건축법 시행령」 별표1 제1호 다목에 따른 다가구주택은 1가구가 독립하여 구분사용할 수 있도록 분리된 부분을 1구의 주택으로 본다. 이 경우 그 부속토지는 건물면적의 비율에 따라 각각 나눈 면적을 1구의 부속토지로 본다.

> **✓ Key Point** 재산세 납세의무자 (필수서 p.134)

1. 원칙 － 과세기준일(6월 1일) 현재 사실상 소유자
   ① 공유재산인 경우: 그 지분에 해당하는 부분(지분의 표시가 없는 경우에는 지분이 **균등**한 것으로 본다)에 대해서는 그 **지분권자**
   ② 주택의 **건물**과 **부속토지**의 소유자가 다를 경우: 그 주택에 대한 **산출세액**을 건축물과 그 부속토지의 **시가표준액 비율**로 안분계산한 부분에 대해서는 그 소유자 cf 면적비율 (×)

2. 예외
   ① 공부상 소유자: 사실상의 소유자를 알 수 없을 때
   ② 주된 상속자
      상속이 개시된 재산으로서 **상속등기가 이행되지 아니하고 사실상의 소유자를 신고하지 아니하였을 때**(cf 주된 상속자: 「민법」상 상속지분이 가장 높은 사람 → 나이가 가장 많은 사람)
   ③ 종중재산의 공부상의 소유자: 종중소유임을 신고하지 아니하였을 때
   ④ 매수계약자
      ㉠ 국가, 지방자치단체, 지방자치단체조합 + 연부 + 무상
      ㉡ 국가, 지방자치단체 및 지방자치단체조합 + 선수금 + 무상
   ⑤ 위탁자: 「신탁법」 제2조에 따른 수탁자의 명의로 등기 또는 등록된 신탁재산의 경우
   ⑥ 사업시행자: 체비지 또는 보류지
   ⑦ 사용자: 귀속이 분명하지 아니하여

82 「지방세법」상 재산세의 납세의무자에 관한 설명으로 틀린 것은?

① 상가의 건물과 부속토지의 소유자가 다를 경우 그 상가의 건물과 부속토지를 합산한 과세표준에 대한 산출세액을 건축물과 그 부속토지의 시가표준액 비율로 안분계산한 부분에 대하여 그 소유자를 납세의무자로 본다.

② 「신탁법」 제2조에 따른 수탁자의 명의로 등기 또는 등록된 신탁재산의 경우에는 위탁자는 재산세를 납부할 의무가 있다.

③ 국가가 선수금을 받아 조성하는 매매용 토지로서 사실상 조성이 완료된 토지의 사용권을 무상으로 받은 경우 그 사용권을 무상으로 받은 자가 재산세 납세의무자이다.

④ 「도시개발법」에 따라 시행하는 환지(換地) 방식에 의한 도시개발사업 및 「도시 및 주거환경정비법」에 따른 정비사업(재개발사업만 해당한다)의 시행에 따른 환지계획에서 일정한 토지를 환지로 정하지 아니하고 체비지 또는 보류지로 정한 경우에는 사업시행자가 재산세 납세의무자이다.

⑤ 재산세 과세기준일 현재 소유권의 귀속이 분명하지 아니하여 사실상의 소유자를 확인할 수 없는 경우 그 사용자가 재산세를 납부할 의무가 있다.

83 「지방세법」상 재산세의 과세기준일 현재 납세의무자에 관한 설명으로 틀린 것은?

① 공유재산인 경우 그 지분에 해당하는 부분(지분의 표시가 없는 경우에는 지분이 균등한 것으로 봄)에 대해서는 그 지분권자를 납세의무자로 본다.

② 주택의 건물과 부속토지의 소유자가 다를 경우 그 주택에 대한 산출세액을 건축물과 그 부속토지의 시가표준액 비율로 안분계산한 부분에 대하여 그 소유자를 납세의무자로 본다.

③ 상속이 개시된 재산으로서 상속등기가 이행되지 아니하고 사실상의 소유자를 신고하지 아니하였을 때에는 공동상속인 각자가 받았거나 받을 재산에 따라 납부할 의무를 진다.

④ 공부상에 개인 등의 명의로 등재되어 있는 사실상의 종중재산으로서 종중소유임을 신고하지 아니하였을 때에는 공부상 소유자를 납세의무자로 본다.

⑤ 지방자치단체와 재산세 과세대상 재산을 연부로 매매계약을 체결하고 그 재산의 사용권을 무상으로 받은 경우에는 그 매수계약자를 납세의무자로 본다.

> **✓ Key Point** 재산세 부과·징수 (필수서 p.138)

1. 과세기준일 및 납기
   (1) 과세기준일: 매년 6월 1일
   (2) 납 기
       ① 재산세의 납기
           ㉠ 토지: 매년 9월 16일부터 9월 30일까지
           ㉡ 건축물: 매년 7월 16일부터 7월 31일까지
           ㉢ 주택: 2분의 1은 매년 7월 16일부터 7월 31일까지, 나머지 2분의 1은 9월 16일부터 9월 30일까지(다만, 해당 연도에 부과할 세액이 20만원 이하인 경우에는 7월 16일부터 7월 31일까지로 하여 한꺼번에 부과·징수할 수 있다)
           ㉣ 선박: 매년 7월 16일부터 7월 31일까지
           ㉤ 항공기: 매년 7월 16일부터 7월 31일까지
       ② 수시로 부과·징수(과세대상 누락, 위법 또는 착오 등)
2. 징수방법: 보통징수
   (1) 관할 지방자치단체의 장이 세액을 산정
   (2) 납기개시 5일 전까지 발급
3. 물납: 납부세액이 1천만원을 초과, 관할구역에 있는 부동산에 대해서만
   (1) 물납의 신청 및 허가
       ① 신청: 납부기한 10일 전까지
       ② 허가: 신청을 받은 날부터 5일 이내
       ③ 물납하였을 때에는 납부기한 내에 납부한 것으로 본다.
   (2) 관리·처분이 부적당한 부동산의 처리
       ① 관리·처분하기가 부적당하다고 인정되는 경우 허가 ×
       ② 통지를 받은 날부터 10일 이내 변경 신청
       ③ 물납하였을 때에는 납부기한 내에 납부한 것으로 본다.
   (3) 물납허가 부동산의 평가: 과세기준일 현재의 시가
4. 분할납부
   (1) 납부세액이 250만원을 초과
   (2) 납부할 세액의 일부를 납부기한이 지난 날부터 3개월 이내에 분할납부
   (3) 분할납부신청: ① 납부기한까지 ② 수정고지
5. 소액 징수면제: 2천원 미만
6. 세 부담의 상한: 100분의 150   cf 주택의 경우에는 적용하지 아니한다.
7. 재산세의 부가세: 지방교육세(재산세액의 20%)

   사례 재산세 고지서(건축물)

세 목	납기 내 금액(7월 31일)	납기 후 금액(8월 31일)
재산세	xxx	xxx
도시지역분	xxx	xxx
(소방분)지역자원시설세	xxx	xxx
지방교육세	xxx	xxx
세액합계	xxx	xxx

84 「지방세법」상 재산세 부과·징수에 관한 설명으로 틀린 것은?

① 해당 연도에 부과할 토지분 재산세액이 20만원 이하인 경우, 조례로 정하는 바에 따라 납기를 7월 16일부터 7월 31일까지로 하여 한꺼번에 부과·징수할 수 있다.
② 재산세를 물납하려는 자는 납부기한 10일 전까지 납세지를 관할하는 시장·군수·구청장에게 물납을 신청하여야 한다.
③ 재산세는 관할지방자치단체의 장이 세액을 산정하여 보통징수의 방법으로 부과·징수한다.
④ 지방자치단체의 장은 재산세 납부세액이 1천만원을 초과하는 경우 납세의무자의 신청을 받아 관할구역에 있는 부동산에 대해서만 법령으로 정하는 바에 따라 물납을 허가할 수 있다.
⑤ 고지서 1장당 재산세로 징수할 세액이 2천원 미만인 경우에는 해당 재산세를 징수하지 아니한다.

85 「지방세법」상 재산세 부과·징수에 관한 설명으로 틀린 것은?

① 토지분 재산세의 납기는 매년 9월 16일부터 9월 30일까지이다.
② 재산세는 관할 지방자치단체의 장이 세액을 산정하여 보통징수의 방법으로 부과·징수한다.
③ 지방자치단체의 장은 재산세의 납부세액이 250만원을 초과하는 경우에는 대통령령으로 정하는 바에 따라 납부할 세액의 일부를 납부기한이 지난 날부터 6개월 이내에 분할납부하게 할 수 있다.
④ 주택에 대한 재산세(해당 연도에 부과할 세액이 20만원을 초과함)의 납기는 해당 연도에 부과·징수할 세액의 2분의 1은 매년 7월 16일부터 7월 31일까지, 나머지 2분의 1은 9월 16일부터 9월 30일까지이다.
⑤ 재산세를 징수하려면 토지, 건축물, 주택, 선박 및 항공기로 구분한 납세고지서에 과세표준과 세액을 적어 늦어도 납기개시 5일 전까지 발급하여야 한다.

Key Point 재산세 비과세 (필수서 p.144)

1. **국가**, 지방자치단체, 지방자치단체조합, 외국정부 및 주한국제기구의 **소유**
   - cf 부과
     ① 대한민국 정부기관의 재산에 대하여 과세하는 **외국정부의 재산(상호주의)**
     ② 매수계약자에게 납세의무가 있는 재산

2. **국가**, 지방자치단체 또는 지방자치단체조합이 1년 이상 **공용 또는 공공용으로 사용하는 재산**
   - cf 부과
     ① **유료로** 사용하는 경우
     ② 소유권의 **유상이전**을 약정한 경우로서 그 재산을 취득하기 전에 미리 사용하는 경우

3. 다음에 따른 재산(**사치성재산은 제외한다**)
   ① **도로 · 하천 · 제방 · 구거 · 유지 및 묘지**
   ② 「산림보호법」에 따른 산림보호구역, 그 밖에 다음에 해당하는 토지
      ㉠ 군사기지 및 군사시설 보호구역 중 **통제보호구역에 있는 토지**. 다만, **전 · 답 · 과수원 및 대지는 제외**한다.

      > ⓐ 제한보호구역 내 임야: 분리과세대상 토지
      > ⓑ 통제보호구역 내 임야: 비과세

      ㉡ **채종림 · 시험림**
      ㉢ 「자연공원법」에 따른 공원자연보존지구의 임야
         - cf 공원자연환경지구 안의 임야: 분리과세대상 토지
      ㉣ 백두대간보호지역의 임야
   ③ **임시로 사용하기 위하여 건축된 건축물로서 재산세 과세기준일 현재 1년 미만의 것**
   ④ 비상재해구조용, 무료도선용, 선교(船橋) 구성용 및 본선에 속하는 전마용(傳馬用) 등으로 사용하는 선박
   ⑤ 행정기관으로부터 **철거명령을 받은** 건축물 등 재산세를 부과하는 것이 적절하지 아니한 **건축물** 또는 **주택**(「건축법」에 따른 **건축물 부분으로 한정**한다)

86 「지방세법」상 재산세 비과세 대상에 해당하지 않는 것은? (단, 주어진 조건 외에는 고려하지 않음)

① 「도로법」에 따른 도로(같은 법 제2조 제2호에 따른 도로의 부속물 중 도로관리시설, 휴게시설, 주유소, 충전소, 교통·관광안내소 및 도로에 연접하여 설치한 연구시설은 제외한다)와 그 밖에 일반인의 자유로운 통행을 위하여 제공할 목적으로 개설한 사설 도로(다만, 「건축법 시행령」 제80조의2에 따른 대지 안의 공지는 제외)

② 「하천법」에 따른 하천과 「소하천정비법」에 따른 소하천

③ 「공간정보의 구축 및 관리 등에 관한 법률」에 따른 제방(다만, 특정인이 전용하는 제방은 제외)

④ 농업용 및 발전용에 제공하는 댐·저수지·소류지와 자연적으로 형성된 호수·늪

⑤ 「군사기지 및 군사시설 보호법」에 따른 군사기지 및 군사시설 보호구역 중 통제보호구역에 있는 전·답·과수원 및 대지

Chapter 07 종합부동산세 : 5문제 [87 ~ 91]

✓ Key Point 종합부동산세 특징 (필수서 p.146)

1. 국 세
2. 보유과세
3. 합산과세(전국 합산) cf 세대별 합산(×) → 개인별 합산(○)
4. 정부부과제도(신고납세제도 선택) (12월 1일 ~ 12월 15일)
5. 과세기준일(매년 6월 1일) = 재산세와 동일

재산세 과세대상	재산세 세율		재산세 납기	종합부동산세 과세대상		종합부동산세 납부기간
토 지	고율분리	4%	9월 16일~ 9월 30일	—	—	12월 1일~ 12월 15일
	종합합산	0.2~0.5%		종합합산	5억원 초과	
	별도합산	0.2~0.4%		별도합산	80억원 초과	
	저율분리	0.2%		—	—	—
		0.07%		—	—	—
건축물	0.25%, 0.5%, 4%		7월 16일~ 7월 31일	—	—	—
주 택	주택	0.1~0.4%	① $\frac{1}{2}$: 7월 16일~ 7월 31일 ② $\frac{1}{2}$: 9월 16일~ 9월 30일	주택	9억원 초과	12월 1일~ 12월 15일
	1세대 1주택 (시가표준액 9억원 이하)	0.05~0.35%		1세대 1주택자 (단독명의)	12억원 초과	
선 박	—		7월 16일~ 7월 31일	—	—	—
항공기	—		7월 16일~ 7월 31일	—	—	—

🔸주의 형광펜
① 재산세 초과누진세율   ② 종합부동산세 과세대상

87 「종합부동산세법」상 종합부동산세의 과세대상인 것은?

① 취득세 중과대상인 고급오락장용 건축물
② 1990년 1월부터 소유하는 「수도법」에 따른 상수원보호구역의 임야
③ 「건축법」 등 관계법령에 따라 허가 등을 받아야 할 건축물로서 허가 등을 받지 아니한 건축물의 부속토지
④ 관계법령에 따른 사회복지사업자가 복지시설이 소비목적으로 사용할 수 있도록 하기 위하여 1990년 5월 1일부터 소유하는 농지
⑤ 공장용 건축물

Key Point   종합부동산세 전체 흐름도 (필수서 p.147)

1. **주 택**
   (1) **개 인**
   (공시가격 합산액 − 9억원) × 공정시장가액비율(60%) ⇨ [과세표준] × 세율 ⇨ 산출세액
      ① 전국 합산   − 재산세
      ② 소유자별 합산   ⇨ 납부세액
      ③ 세대별 합산 (×)
      ④ 단독주택 : 개별주택가격
      ⑤ 공동주택 : 공동주택가격
      ⑥ 합산 배제 : 「문화유산의 보존 및 활용에 관한 법률」에 따른 등록문화유산에 해당하는 주택

   (2) **법 인**
   (공시가격 합산액 − 0원) × 공정시장가액비율(60%) ⇨ [과세표준] × 세율 ⇨ 산출세액
                                                                                  − 재산세
                                                                                 ⇨ 납부세액

2. **토 지**
   (1) **종합합산**
   (공시가격 합산액 − 5억원) × 공정시장가액비율(100%) ⇨ [과세표준] × 세율 ⇨ 산출세액
      ① 전국 합산   − 재산세
      ② 소유자별 합산   ⇨ 납부세액
      ③ 세대별 합산 (×)
      ④ 토지 : 개별공시지가

   (2) **별도합산**
   (공시가격 합산액 − 80억원) × 공정시장가액비율(100%) ⇨ [과세표준] × 세율 ⇨ 산출세액
      ① 전국 합산   − 재산세
      ② 소유자별 합산   ⇨ 납부세액
      ③ 세대별 합산 (×)
      ④ 토지 : 개별공시지가

✓ Key Point 주택에 대한 과세 (필수서 p.148)

1. **납세의무자**: 과세기준일 현재 주택분 재산세의 납세의무자는 종합부동산세를 납부할 의무가 있다.
2. **과세표준**
   (1) 개 인
   = [인별 주택의 공시가격을 합산한 금액 − <u>9억원</u>] × <u>공정시장가액비율(60%)</u>
   (2) 개인(1세대 1주택자, 단독명의) cf 부부 공동명의 1주택자: 9월 16일 ~ 9월 30일 신청
   = [인별 주택의 공시가격을 합산한 금액 − <u>12억원</u>] × <u>공정시장가액비율(60%)</u>
   (3) 법 인
   = [주택의 공시가격을 합산한 금액 − <u>0원</u>] × <u>공정시장가액비율(60%)</u>
3. **세율 및 세액**
   (1) 주택분 종합부동산세액
   ① 개 인
      ㉠ 2주택 이하 소유: 0.5% ~ 2.7% 7단계 초과누진세율
      ㉡ 3주택 이상 소유: 0.5% ~ 5% 7단계 초과누진세율
   ② 법 인
      ㉠ 2주택 이하 소유: 2.7%
      ㉡ 3주택 이상 소유: 5%
   (2) 재산세액 공제: 적용된 세액, 상한을 적용받은 세액
   (3) 1세대 1주택에 대한 세액공제(①, ② 100분의 80범위에서 중복 가능)
   ① **연령 세액공제**: <u>과세기준일 현재 만 60세 이상인 1세대 1주택자(단독소유)</u>

연 령	공제율
만 60세 이상 65세 미만	100분의 20(20%)
만 65세 이상 70세 미만	100분의 30(30%)
만 70세 이상	100분의 40(40%)

   ② **장기보유 세액공제**: 1세대 1주택자(단독소유)

보유기간	공제율
5년 이상 10년 미만	100분의 20(20%)
10년 이상 15년 미만	100분의 40(40%)
15년 이상	100분의 50(50%)

   (4) 세부담의 상한
   ① 개인: 100분의 150
   ② 법인: 세부담 상한 없음

Key Point 토지에 대한 과세 (필수서 p.150)

1. 납세의무자

구 분	납세의무자
① 종합합산과세대상	국내에 소재하는 해당 과세대상 토지의 공시가격을 합한 금액이 <u>5억원</u>을 초과하는 자
② 별도합산과세대상	국내에 소재하는 해당 과세대상 토지의 공시가격을 합한 금액이 <u>80억원</u>을 초과하는 자

2. 과세표준

구 분	과세표준
① 종합합산과세대상	(인별 해당 토지의 공시가격을 합산한 금액 − 5억원) × 공정시장가액비율(100%)
② 별도합산과세대상	(인별 해당 토지의 공시가격을 합산한 금액 − 80억원) × 공정시장가액비율(100%)

① 또는 ②의 금액이 '영(0)'보다 작은 경우에는 '영(0)'으로 본다.

3. 세율 및 세액
   (1) 종합합산대상인 토지
      ① **토지분 종합합산세액**: 1% ~ 3% 3단계 초과누진세율
      ② 재산세액 공제
   (2) 별도합산대상인 토지
      ① **토지분 별도합산세액**: 0.5% ~ 0.7% 3단계 초과누진세율
      ② 재산세액 공제
   (3) 세부담 상한
      ① 종합합산과세대상인 경우: 150%
      ② 별도합산과세대상인 경우: 150%

✓ Key Point 종합부동산세 신고·납부 등 (필수서 p.152)

1. 부과·징수 등
   (1) 원칙
      ① 관할세무서장은 납부하여야 할 종합부동산세의 세액을 결정하여 해당 연도 <u>12월 1일부터 12월 15일</u>("납부기간"이라 한다)까지 부과·징수한다.
      ② 관할세무서장은 종합부동산세를 징수하려면 납부고지서에 주택 및 토지로 <u>구분</u>한 과세표준과 세액을 기재하여 <u>납부기간 개시 5일 전까지 발급</u>하여야 한다.
   (2) 예외: 선택적 신고·납부(12월 1일 ~ 12월 15일)
      ① 무신고 가산세: ×
      ② 과소신고 가산세: ○
      ③ 납부지연가산세: ○

2. 물납 → **폐지**(2016년 3월 2일)

3. 분납
   (1) 납부하여야 할 세액이 <u>250만원을 초과</u>하는 경우
   (2) <u>납부기한이 지난 날부터 6개월 이내</u>
   (3) 종합부동산세 분납

구 분	분납할 수 있는 세액
납부하여야 할 세액이 250만원 초과 5백만원 이하인 때	해당 세액에서 250만원을 차감한 금액
납부하여야 할 세액이 5백만원을 초과하는 때	해당 세액의 100분의 50 이하의 금액

4. 부가세: 농어촌특별세(20%)

5. 납세지
   (1) <u>개인</u>: 「<u>소득세법</u>」 규정을 <u>준용(주소지 관할 세무서)</u>
   (2) <u>법인</u>: 「<u>법인세법</u>」 규정을 <u>준용(본점·주사무소 소재지)</u>

6. 비과세 등
   (1) 「지방세특례제한법」 또는 「조세특례제한법」에 의한 **재산세의 비과세·과세면제 또는 경감**에 관한 규정('재산세의 감면규정'이라 함)은 종합부동산세를 부과하는 경우에 <u>준용</u>한다.
   (2) 「지방세특례제한법」에 따른 시·군의 감면조례에 의한 **재산세의 감면규정**은 종합부동산세를 부과하는 경우에 <u>준용</u>한다.

88 「종합부동산세법」상 주택에 대한 과세에 대한 설명 중 틀린 것은?

① 주택분 과세표준 금액에 대하여 해당 과세대상주택의 주택분 재산세로 부과된 세액(「지방세법」 제111조 제3항에 따라 가감조정된 세율이 적용된 경우에는 그 세율이 적용된 세액을 말한다)은 주택분 종합부동산세액에서 이를 공제한다.
② 개인이 조정대상지역 내 소재하는 A주택과 조정대상지역 외 소재하는 B주택을 소유한 경우 과세표준이 3억원인 경우 1천분의 5의 세율을 적용한다.
③ 주택분 종합부동산세액을 계산할 때 1주택을 여러 사람이 공동으로 매수하여 소유한 경우 공동 소유자 각자가 그 주택을 소유한 것으로 본다.
④ 법인(일반 누진세율이 적용되는 법인 등이 아님)이 2주택 이하를 소유한 경우 종합부동산세 세율은 1천분의 27을 적용한다.
⑤ 법인(일반 누진세율이 적용되는 법인 등이 아님)이 3주택 이상을 소유한 경우 종합부동산세 세부담의 상한은 100분의 300으로 한다.

89 토지에 대한 종합부동산세 과세에 관한 설명 중 틀린 것은?

① 토지에 대한 종합부동산세는 국내에 소재하는 토지에 대하여 「지방세법」 제106조 제1항 제1호에 따른 종합합산과세대상과 같은 법 제106조 제1항 제2호에 따른 별도합산과세대상으로 구분하여 과세한다.
② 과세기준일 현재 토지분 재산세의 납세의무자로서 종합합산과세대상인 경우에는 국내에 소재하는 해당 과세대상토지의 공시가격을 합한 금액이 6억원을 초과하는 자는 해당 토지에 대한 종합부동산세를 납부할 의무가 있다.
③ 과세기준일 현재 토지분 재산세의 납세의무자로서 별도합산과세대상인 경우에는 국내에 소재하는 해당 과세대상토지의 공시가격을 합한 금액이 80억원을 초과하는 자는 해당 토지에 대한 종합부동산세를 납부할 의무가 있다.
④ 종합합산과세대상인 토지의 과세표준 금액에 대하여 해당 과세대상토지의 토지분 재산세로 부과된 세액(「지방세법」 제111조 제3항에 따라 가감조정된 세율이 적용된 경우에는 그 세율이 적용된 세액, 같은법 제122조에 따라 세부담 상한을 적용받은 경우에는 그 상한을 적용받은 세액을 말한다)은 토지분 종합합산세액에서 이를 공제한다.
⑤ 별도합산과세대상인 토지에 대한 종합부동산세의 과세표준은 납세의무자별로 해당 과세대상토지의 공시가격을 합산한 금액에서 80억원을 공제한 금액에 공정시장가액비율을 곱한 금액으로 한다.

90 「종합부동산세법」상 신고·납부 등에 대한 설명 중 틀린 것은?

① 관할세무서장은 납부하여야 할 종합부동산세의 세액을 결정하여 해당 연도 12월 1일부터 12월 15일("납부기간"이라 한다)까지 부과·징수한다.
② 종합부동산세의 과세기준일은 「지방세법」 제114조에 따른 재산세의 과세기준일로 한다.
③ 종합부동산세의 납세의무자가 비거주자인 개인 또는 외국법인으로서 국내사업장이 없고 국내원천소득이 발생하지 아니하는 주택 및 토지를 소유한 경우에는 그 주택 또는 토지의 소재지(주택 또는 토지가 둘 이상인 경우에는 공시가격이 가장 높은 주택 또는 토지의 소재지를 말한다)를 납세지로 정한다.
④ 관할세무서장은 종합부동산세로 납부하여야 할 세액이 150만원을 초과하는 경우에는 대통령령으로 정하는 바에 따라 그 세액의 일부를 납부기한이 지난 날부터 1개월 이내에 분납하게 할 수 있다.
⑤ 관할세무서장 또는 납세지관할지방국세청장은 과세대상 누락, 위법 또는 착오 등으로 인하여 종합부동산세를 새로 부과할 필요가 있거나 이미 부과한 세액을 경정할 경우에는 다시 부과·징수할 수 있다.

91 「종합부동산세법」상 종합부동산세에 관한 설명 중 옳은 것은? (단, 감면 및 비과세와 「지방세특례제한법」 또는 「조세특례제한법」은 고려하지 않음)

① 납세자에게 부정행위가 없으며 특례제척기간에 해당하지 않는 경우 원칙적으로 납세의무 성립일부터 3년이 지나면 종합부동산세를 부과할 수 없다.
② 과세기준일 현재 토지분 재산세의 납세의무자로서 국내에 소재하는 종합합산과세대상 토지의 공시가격을 합한 금액이 3억원을 초과하는 자는 해당 토지에 대한 종합부동산세를 납부할 의무가 있다.
③ 별도합산과세대상인 토지의 재산세로 부과된 세액이 세부담 상한을 적용받는 경우 그 상한을 적용받기 전의 세액을 별도합산과세대상 토지분 종합부동산세액에서 공제한다.
④ 주택에 대한 세부담 상한의 기준이 되는 직전 연도에 해당 주택에 부과된 주택에 대한 총세액상당액은 납세의무자가 해당 연도의 과세표준합산주택을 직전 연도 과세기준일에 실제로 소유하였는지의 여부를 불문하고 직전 연도 과세기준일 현재 소유한 것으로 보아 계산한다.
⑤ 납세의무자는 선택에 따라 신고·납부할 수 있으나, 신고를 함에 있어 납부세액을 과소하게 신고한 경우라도 과소신고가산세가 적용되지 않는다.

Chapter 08 조세총론 : 9문제 [92 ~ 100]

✓ Key Point 과세주체(과세권자)에 따른 분류 (필수서 p.160)

조세 (세금)	국 세	—	종합부동산세, 소득세(양도소득세)
	지방세	도세(특별시·광역시·도)	취득세
		시·군세(시·군·구)	재산세

cf 등록면허세 : 구세, 도세
① 특별시·광역시 : 구청
② 도 : 도청

1. **보통세** : 일반 경비에 충당하는 조세
2. **목적세** : 특정 용도에 충당하는 조세
   ① 국세 : 교육세, 교통·에너지·환경세, 농어촌특별세
   ② 지방세 : 지역자원시설세, 지방교육세
      cf 지방소득세 (×) : 보통세

92 「지방세기본법」상 특별시세 세목이 아닌 것은?

① 취득세
② 지방소비세
③ 등록면허세
④ 지역자원시설세
⑤ 지방교육세

Key Point 납세의무의 성립 (필수서 p.162)

1. 납세의무의 성립시기: 추상적
   (1) 국세의 납세의무 성립시기(본세 = 부가세)

① 소득세	과세기간이 끝나는 때 = 지방소득세 성립시기
② 종합부동산세	과세기준일(매년 6월 1일) = 농어촌특별세 성립시기

   (2) 지방세의 납세의무 성립시기(본세 = 부가세)

① 취득세	취득세 과세물건을 취득하는 때
② 등록면허세	재산권과 그 밖의 권리를 등기하거나 등록하는 때
③ 재산세	과세기준일(매년 6월 1일) = 지방교육세 성립시기

93 납세의무 성립시기에 대한 설명 중 틀린 것은?

① 수시로 부과하여 징수하는 지방세: 수시부과할 사유가 발생하는 때
② 등록에 대한 등록면허세: 재산권과 그 밖의 권리를 등기하거나 등록하는 때
③ 재산세: 매년 1월 1일
④ 지방교육세: 그 과세표준이 되는 세목의 납세의무가 성립하는 때
⑤ 특별징수하는 지방소득세: 과세표준이 되는 소득에 대하여 소득세·법인세를 원천징수하는 때

> **Key Point** 납세의무의 확정 (필수서 p.162)

과세권자 (= 과세관청)	국 세	정부부과제도	종합부동산세(원칙)
	지방세	보통징수	재산세
↓↑			
납세자	국 세	신고납세제도	소득세(양도소득세), 종합부동산세(선택)
	지방세	신고납부	취득세, 등록면허세

94 지방세로서 보통징수방법만으로 부과·징수하는 것은?

① 취득세
② 등록면허세
③ 재산세
④ 종합부동산세
⑤ 양도소득세

95 다음은 「지방세기본법」상 납세의무의 확정에 대한 설명이다. 옳지 않은 것은?

① 「납세의무의 확정」이라 함은 지방세의 납부 또는 징수를 위하여 법이 정하는 바에 따라 납부할 지방세액을 납세의무자 또는 지방자치단체의 일정한 행위나 절차를 거쳐서 구체적으로 확정하는 것을 말한다.
② 납세의무의 확정방식은 납세의무의 성립과 동시에 법률상 당연히 확정되는 것(특별징수하는 지방소득세)과 납세의무 성립 후 특별한 절차가 요구되는 것으로서 납세자의 신고에 의하여 확정되는 것(재산세 등) 및 지방자치단체의 결정에 의하여 확정되는 것(취득세 등)이 있다.
③ 납세의무자가 과세표준과 세액을 지방자치단체에 신고·납부하는 지방세는 신고하는 때에 그 세액이 확정된다.
④ 납세의무자가 과세표준과 세액을 지방자치단체에 신고·납부하는 지방세의 과세표준과 세액을 지방자치단체가 결정하는 경우에는 결정하는 때에 그 세액이 확정된다.
⑤ 납세의무자가 과세표준과 세액을 지방자치단체에 신고·납부하는 지방세 외의 지방세는 해당 지방세의 과세표준과 세액을 해당 지방자치단체가 결정하는 때에 그 세액이 확정된다.

✓ Key Point 납부의무의 소멸 (필수서 p.163)

① 납 부	세액을 국고에 납입하는 것
② 충 당	납부할 국세 등과 국세환급금을 상계, 공매대금으로 체납액에 충당
③ 부과가 취소된 때	부과철회 ×
④ 부과할 수 있는 기간에 부과되지 아니하고 그 기간이 끝난 때 (제척기간 만료)	㉠ **국세** 부과의 제척기간 　ⓐ 상속세와 증여세: 10년, 15년 　ⓑ 일반적인 세목(상속세와 증여세 이외): 5년, 7년(무신고), 10년(사기) ㉡ **지방세** 부과의 제척기간: 5년, 7년(무신고), 10년(사기)
⑤ 징수권의 소멸시효가 완성된 때	㉠ **국세** 소멸시효 　ⓐ 5억원 이상의 국세: 10년 　ⓑ ⓐ 외(5억원 미만)의 국세: 5년 ㉡ **지방세** 소멸시효 　ⓐ 5천만원 이상의 지방세: 10년 　ⓑ ⓐ 외(5천만원 미만)의 지방세: 5년

96 다음은 「국세기본법」상 납세의무 소멸에 대한 설명이다. 옳지 않은 것은?

① "납부"라 함은 당해 납세의무자는 물론 연대납세의무자, 제2차 납세의무자, 납세보증인, 물적납세의무자 및 기타 이해관계가 있는 제3자 등에 의한 납부를 말한다.

② "충당"이라 함은 국세환급금을 당해 납세의무자가 납부할 국세 및 체납처분비 상당액과 상계시키는 것을 말한다.

③ 납세자에게 부정행위가 없으며 특례제척기간에 해당하지 않는 경우 원칙적으로 납세의무 성립일부터 3년이 지나면 종합부동산세를 부과할 수 없다.

④ 국세의 징수를 목적으로 하는 국가의 권리는 이를 행사할 수 있는 때부터 5억원 이상의 국세는 10년 동안 행사하지 아니하면 소멸시효가 완성된다.

⑤ 부담부증여에 따라 증여세와 함께 소득세가 과세되는 경우 그 소득세는 증여세에 대하여 정한 제척기간과 동일하다.

Key Point 조세(국세·지방세)와 다른 채권의 관계 (필수서 p.166)

1. 조세(국세·지방세)와 피담보채권의 우선관계

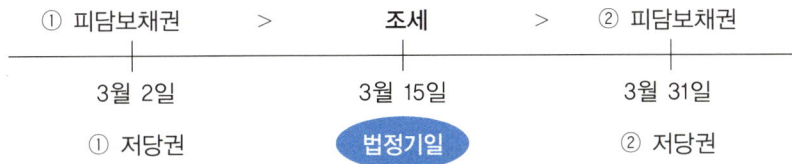

2. 다만, "<u>그 재산에 대하여 부과된 조세</u>"는 언제나 조세가 우선한다.
   = 법정기일 전에 설정된 <u>피담보채권보다 우선하는 조세</u>
   = 당해세
   ① 국세: 상속세, 증여세, 종합부동산세
   ② 지방세: 재산세, 지역자원시설세(소방분에 대한 지역자원시설세만 해당한다), 지방교육세(재산세와 자동차세에 부가되는 지방교육세만 해당한다)

   사례 재산세 고지서(건축물)

세 목	납기 내 금액(7월 31일)	납기 후 금액(8월 31일)
재산세	XXX	XXX
도시지역분	XXX	XXX
(소방분)지역자원시설세	XXX	XXX
지방교육세	XXX	XXX
세액합계	XXX	XXX

97 「국세기본법」 및 「지방세기본법」상 조세채권과 일반채권의 관계에 관한 설명으로 틀린 것은?

① 강제집행으로 부동산을 매각할 때 그 매각금액 중에 국세를 징수하는 경우, 강제집행 비용은 국세에 우선한다.
② 과세표준과 세액의 신고에 의하여 납세의무가 확정되는 지방세의 경우 신고한 해당 세액에 대해서는 그 신고일이 법정기일이다.
③ 취득세 신고서를 납세지 관할 지방자치단체장에게 제출한 날 전에 저당권 설정 등기 사실이 증명되는 재산을 매각하여 그 매각대금에서 취득세를 징수하는 경우, 저당권에 따라 담보된 채권은 취득세에 우선한다.
④ 과세표준과 세액을 지방자치단체가 결정·경정 또는 수시부과결정하는 경우에 고지한 해당 세액에 대해서는 납세고지서의 발송일이 법정기일이다.
⑤ 법정기일 전에 전세권 설정이 등기된 재산의 매각에 있어 그 전세권에 의하여 담보된 채권은 그 재산에 대하여 부과된 종합부동산세보다 우선한다.

Key Point 거래 단계별 조세 (필수서 p.170)

취 득	보 유	양 도
취득세 ① 농어촌특별세(10%, 20%) ② 지방교육세(20%)	재산세 지방교육세(20%)	양도소득세 농어촌특별세(20%)
등록면허세 ① 지방교육세(20%) ② 농어촌특별세(20%)	종합부동산세 농어촌특별세(20%)	지방소득세 (독립세)
농어촌특별세	**농어촌특별세**	**농어촌특별세**
부가가치세	**부가가치세**	**부가가치세**
인지세	−	인지세
상속세	−	−
증여세	−	−
−	종합소득세 (부동산임대업)	종합소득세 (부동산매매업)
−	지방소득세 (독립세) (부동산임대업)	지방소득세 (독립세) (부동산매매업, 양도)

98 국내 소재 부동산의 보유단계에서 부담할 수 있는 국세는 모두 몇 개인가?

㉠ 재산세
㉡ 농어촌특별세
㉢ 종합부동산세
㉣ 지방교육세
㉤ 개인지방소득세

① 1개　　② 2개　　③ 3개
④ 4개　　⑤ 5개

✅ Key Point 물납과 분납 (필수서 p.171)

구 분	취득세	등록면허세	재산세	종합부동산세	종합소득세	양도소득세
물 납	×	×	○ (관할구역, 부동산)	×	×	×
분 납	×	×	○ (3개월)	○ (6개월)	○ (2개월)	○ (2개월)

99 조세의 납부방법으로 물납과 분할납부가 둘 다 가능한 것은 몇 개인가? (단, 물납과 분할납부의 법정 요건은 전부 충족한 것으로 가정함)

> ㉠ 취득세
> ㉡ 등록면허세
> ㉢ 재산세
> ㉣ 재산세 도시지역분
> ㉤ 소방분에 대한 지역자원시설세
> ㉥ 종합부동산세
> ㉦ 부동산임대업에서 발생한 사업소득에 대한 종합소득세
> ㉧ 양도소득세

① 0개 ② 1개 ③ 2개
④ 3개 ⑤ 4개

100 「지방세기본법」 및 「지방세법」상 용어의 정의, 부과 및 징수, 불복에 관한 설명으로 틀린 것은?

① "납세자"란 납세의무자(연대납세의무자와 제2차 납세의무자 및 보증인 포함)와 특별징수의무자를 말한다.
② 지방세에 관한 불복시 불복청구인은 이의신청을 거치지 않고 심판청구를 제기할 수 있다.
③ 지방세에 관한 불복시 불복청구인은 심판청구를 거치지 않고 행정소송을 제기할 수 없다.
④ 소방분에 대한 지역자원시설세는 분납은 가능하지만 물납은 할 수 없다.
⑤ 거주자인 甲이 乙로부터 부동산을 증여받은 것이라면 그 등기일에 취득세 납세의무가 성립한다.

박문각 공인중개사

부록

복습문제

본문의 문제를 하나로 모아
다시 한 번 복습할 수 있도록 하였습니다.

01 복습문제

01 「소득세법」에 관한 설명이다. 옳지 않은 것은?
① 비사업자가 공익사업과 관련하여 지상권을 양도함으로써 발생하는 소득은 양도소득이다.
② 주거용 건물 임대업에서 발생한 결손금은 종합소득 과세표준을 계산할 때 공제한다.
③ 이축권을 별도로 적법하게 감정평가하여 신고하는 경우 그 이축권을 토지·건물과 함께 양도함으로써 발생하는 소득은 양도소득이다.
④ 비사업자가 지하수개발권을 토지 등과 함께 양도함으로써 발생하는 소득은 기타소득이다.
⑤ 공동으로 소유한 자산에 대한 양도소득금액을 계산하는 경우에는 해당 자산을 공동으로 소유하는 각 거주자가 납세의무를 진다.

02 다음은 「소득세법」에 대한 설명이다. 틀린 것은?
① 주택의 임대로 인하여 얻은 과세대상 소득은 사업소득으로서 해당 거주자의 종합소득금액에 합산된다.
② 양도소득에 대한 과세표준은 종합소득 및 퇴직소득에 대한 과세표준과 구분하여 계산한다.
③ 비주거용 건물 임대업에서 발생한 결손금은 종합소득 과세표준을 계산할 때 공제한다.
④ 거주자는 국내에 있는 토지의 양도로 발생하는 소득에 대하여 양도소득세 납세의무가 있다.
⑤ 거주자가 국내 상가건물을 양도한 경우 거주자의 주소지와 상가건물의 소재지가 다르다면 양도소득세 납세지는 거주자의 주소지이다.

03 「소득세법」상 거주자의 부동산임대업에서 발생하는 소득에 관한 설명으로 옳은 것은?
① 미등기부동산을 임대하고 그 대가로 받는 것은 사업소득이 아니다.
② 지상권을 양도함으로써 발생하는 소득은 사업소득이다.
③ 주택의 임대로 인하여 얻은 과세대상 소득은 사업소득으로서 해당 거주자의 종합소득금액에 합산된다.
④ 자기소유의 부동산을 타인의 담보로 사용하게 하고 그 사용대가로 받는 것은 기타소득이다.
⑤ 공익사업과 관련된 지상권의 대여로 인한 소득은 사업소득이다.

04 「소득세법」상 거주자가 국내소재 부동산 등을 임대하여 발생하는 소득에 관한 설명으로 틀린 것은?

① 임대한 과세기간 종료일 현재 기준시가가 13억원인 1주택(주택부수토지 포함)을 임대하고 지급받은 소득은 사업소득으로 과세된다.
② 거주자의 보유주택 수를 계산함에 있어서 다가구주택은 1개의 주택으로 보되, 구분등기된 경우에는 각각을 1개의 주택으로 계산한다.
③ 甲과 乙이 공동소유 A주택(甲지분율 40%, 乙지분율 60%)을 임대하는 경우, 주택임대소득의 비과세 여부를 판정할 때 甲과 乙이 각각 1주택을 소유한 것으로 보아 주택 수를 계산한다.
④ 부부가 각각 주택을 1채씩 보유한 상태에서 그중 1주택을 임대하고 연간 2,800만원의 임대료를 받았을 경우 주택임대에 따른 과세소득은 있다.
⑤ 해당 과세기간에 분리과세 주택임대소득이 있는 거주자(종합소득과세표준이 없거나 결손금이 있는 거주자 포함)는 그 종합소득과세표준을 그 과세기간의 다음 연도 5월 1일부터 5월 31일까지 신고하여야 한다.

05 「소득세법」상 거주자의 부동산 임대와 관련하여 발생한 소득에 관한 설명으로 틀린 것은?

① 사업자가 부동산을 임대하고 임대료 외에 전기료·수도료 등 공공요금의 명목으로 지급받은 금액이 공공요금의 납부액을 초과할 때 그 초과하는 금액은 사업소득 총수입금액에 산입한다.
② 주택 1채만을 소유한 거주자가 과세기간 종료일 현재 기준시가 13억원인 해당 주택을 전세금을 받고 임대하여 얻은 소득에 대해서는 소득세가 과세되지 아니한다.
③ 임대보증금의 간주임대료를 계산하는 과정에서 금융수익을 차감할 때 그 금융수익은 수입이자와 할인료, 수입배당금으로 한다.
④ 해당 과세기간의 주거용 건물 임대업을 제외한 부동산임대업에서 발생한 결손금은 그 과세기간의 종합소득과세표준을 계산할 때 공제하지 않는다.
⑤ 공익사업과 관련된 지상권의 대여로 인한 소득은 부동산임대업에서 발생한 소득으로 한다.

06 「소득세법」상 거주자의 부동산과 관련된 사업소득에 관한 설명으로 옳은 것은?

① 국내에 소재하는 논·밭을 작물 생산에 이용하게 함으로써 발생하는 사업소득은 소득세를 과세한다.
② 사업소득에 부동산임대업에서 발생한 소득이 포함되어 있는 사업자는 그 소득별로 구분하여 회계처리하여야 한다.
③ 국외에 소재하는 주택의 임대소득은 주택 수에 관계없이 과세하지 아니한다.
④ 주택을 임대하여 얻은 소득은 거주자가 사업자등록을 한 경우에 한하여 소득세 납세의무가 있다.
⑤ 해당 과세기간에 분리과세 주택임대소득이 있는 거주자(종합소득과세표준이 없거나 결손금이 있는 거주자 포함)는 그 종합소득 과세표준을 그 과세기간의 다음 연도 5월 1일부터 5월 31일까지 신고할 수 있다.

07 다음은 소득세법령 및 판례상 양도에 대한 설명이다. 틀린 것은?

① 양도란 자산에 대한 등기 또는 등록과 관계없이 매도, 교환, 법인에 대한 현물출자 등으로 인하여 그 자산이 유상으로 사실상 이전되는 것을 말한다.
② 이혼시 당사자가 합의한 위자료를 일방이 소유하고 있는 부동산으로 대물변제하는 경우 양도로 본다.
③ A는 토지를 출자하고, B는 자금을 출자하여 공동으로 부동산사업을 시행하는 경우 A의 토지출자는 양도로 본다.
④ 배우자 간의 부담부증여에 있어서 수증자가 인수한 증여자의 채무액은 증여재산가액에서 공제하지 아니하고 증여세가 과세되므로, 항상 양도로 보지 아니한다.
⑤ 「도시개발법」에 따른 도시개발사업 시행자가 공사대금으로 취득한 보류지를 양도하는 경우에는 양도로 본다.

08 다음 중 양도소득세가 과세되는 양도에 해당하지 않는 것은?

㉠ 소유한 임대부동산을 법인에 현물출자하는 경우
㉡ 「도시개발법」이나 그 밖의 법률에 따른 환지처분으로 지목 또는 지번이 변경되거나 보류지(保留地)로 충당되는 경우
㉢ 공동소유의 토지를 공유자 지분 변경없이 2개 이상의 공유토지로 분할한 경우
㉣ 법정요건을 갖춘 양도담보계약에 의하여 소유권을 이전한 후 채무불이행으로 변제에 충당한 경우
㉤ 부동산의 부담부증여에 있어서 수증자가 인수하는 채무액 상당액

① ㉠
② ㉡, ㉢
③ ㉠, ㉣
④ ㉣, ㉤
⑤ ㉤

09 「소득세법」상 양도에 해당하는 것으로 옳은 것은?

① 매매원인 무효의 소에 의하여 그 매매사실이 원인무효로 판시되어 환원될 경우
② 공동소유의 토지를 공유자지분 변경없이 2개 이상의 공유토지로 분할하였다가 공동지분의 변경없이 그 공유토지를 소유지분별로 단순히 재분할하는 경우
③ 배우자의 부동산을 취득한 경우로서 그 취득대가를 지급한 사실을 증명한 경우
④ 법원의 확정판결에 의하여 신탁해지를 원인으로 소유권 이전등기를 하는 경우
⑤ 본인 소유자산을 경매·공매로 인하여 자기가 재취득하는 경우

10 거주자 甲이 아래의 국내 소재 상업용 건물을 특수관계인이 아닌 거주자 乙에게 부담부증여하고 乙이 甲의 해당 피담보채권을 인수한 경우, 양도차익 계산시 상업용 건물의 취득가액은 얼마인가?

> ㉠ 취득당시 실지거래가액 : 100,000,000원
> ㉡ 취득당시 기준시가 : 80,000,000원
> ㉢ 증여일 현재 「상속세 및 증여세법」에 따른 평가액(감정가액) : 500,000,000원
> ㉣ 상업용 건물에는 금융회사로부터의 차입금 100,000,000원(채권최고액 : 120,000,000원)에 대한 근저당권이 설정되어 있음
> ㉤ 양도가액은 양도당시 「상속세 및 증여세법」에 따른 평가액(감정가액)을 기준으로 계산함

① 16,000,000원
② 18,000,000원
③ 20,000,000원
④ 24,000,000원
⑤ 100,000,000원

11 다음 중 양도소득세가 과세되는 경우는?

① 골프 회원권을 양도담보목적으로 양도하는 경우
② 주권상장법인의 소액주주가 보유하고 있는 당해 법인의 주식을 유가증권시장에서 양도하는 경우
③ 「도시개발법」이나 그 밖의 법률에 따른 환지처분으로 지목 또는 지번이 변경되거나 보류지(保留地)로 충당되는 경우
④ 공유지분의 변경 없이 공동소유의 토지를 소유지분별로 단순히 분할하는 경우
⑤ 조성한 토지의 일부분을 공사비 대가로 지급한 경우

12 다음은 양도소득세가 과세되는 양도에 관한 설명이다. 틀린 것은?

① 적법하게 소유권이 이전된 매매계약이 당사자 간 해제를 원인으로 당초 소유자명의로 환원된 경우 양도에 해당한다.
② 이혼에 따른 위자료에 갈음하여 양도소득세 과세대상이 이전된 경우에 양도에 해당하나, 재산분할에 따라 이전된 경우에는 양도에 해당하지 아니한다.
③ 토지의 경계를 변경하기 위하여 「측량·수로조사 및 지적에 관한 법률」에 따른 토지의 분할 등 대통령령으로 정하는 방법과 절차로 하는 토지 교환의 경우 양도로 보지 아니한다.
④ 본인 소유자산을 경매 등으로 자기가 재취득하는 경우 양도로 본다.
⑤ 명의신탁했던 재산을 법원의 확정판결에 의하여 신탁해지를 원인으로 소유권이전등기를 하는 경우에는 양도소득세가 과세되지 아니한다.

13 양도소득세의 과세대상이 아닌 것은?

① 지상권의 양도로 발생하는 소득
② 지역권의 양도로 발생하는 소득
③ 등기된 부동산임차권의 양도로 발생하는 소득
④ 한국토지주택공사 발행 주택상환사채의 양도로 발생하는 소득
⑤ 가액을 별도로 평가하지 않고 토지·건물과 함께 양도하는 이축권(개발제한구역 내의 건축물을 법에 따른 취락지구 등으로 이축할 수 있는 권리)의 양도로 발생하는 소득

14 다음의 국내자산 중 양도소득세 과세대상으로 옳은 것은?

㉠ 미등기 나대지
㉡ 미등기된 부동산임차권
㉢ 점포임차권
㉣ 미등기 전매한 아파트당첨권
㉤ 전세권
㉥ 특허권
㉦ 회원제 골프회원권
㉧ 지역권

① ㉡, ㉢, ㉦, ㉧
② ㉡, ㉣, ㉤, ㉧
③ ㉠, ㉡, ㉤, ㉦
④ ㉠, ㉣, ㉤, ㉦
⑤ ㉡, ㉢, ㉣, ㉤

15 현행 「소득세법」에서 규정하는 양도 및 취득의 시기에 관하여 틀린 것은?

① 상속에 의하여 취득한 토지는 상속이 개시한 날
② 대금청산 전에 소유권이전등기를 한 토지는 등기부에 기재된 등기접수일
③ 장기할부조건의 경우에는 소유권이전등기접수일·인도일 또는 사용수익일 중 빠른 날
④ 「민법」 제245조 제1항의 규정에 의하여 20년간의 점유로 취득한 토지의 경우에는 당해 토지에 대한 소유권이전등기접수일
⑤ 건축 허가를 받지 아니하고 건축하는 건축물에 있어서는 그 사실상의 사용일

16 소득세법령상 양도차익 계산시 양도 또는 취득의 시기에 대한 설명 중 틀린 것은?

① 증여에 의하여 취득한 토지는 증여를 받은 날이 된다.
② 부동산의 소유권이 타인에게 이전되었다가 법원의 무효판결에 의하여 당해 자산의 소유권이 환원되는 경우 당해 자산의 취득시기는 법원의 확정판결일로 한다.
③ 대금을 청산한 날이 분명하지 아니한 경우에는 등기·등록접수일 또는 명의개서일이다.
④ 대금을 어음으로 받은 경우에는 어음을 받은 날이 아니라 실제로 어음이 결제된 날이 대금청산일이 된다.
⑤ 완성 또는 확정되지 아니한 자산을 양도 또는 취득한 경우로서 해당 자산의 대금을 청산한 날까지 그 목적물이 완성 또는 확정되지 아니한 경우에는 그 목적물이 완성 또는 확정된 날이다.

17 「소득세법」상 국내자산의 양도시 양도소득금액을 감소시킬 수 있는 항목에 해당하지 않는 것은?

① 자산의 취득에 소요된 실지거래가액
② 자산을 양도하기 위하여 직접 지출한 비용
③ 장기보유특별공제
④ 양도소득기본공제
⑤ 기타필요경비

18 다음 중 아파트 분양권을 양도했을 때 양도소득금액의 계산식은?

① 양도가액 − 필요경비 − 장기보유특별공제 − 양도소득기본공제
② 양도차익 − 양도소득기본공제
③ 양도가액 − 필요경비
④ 양도차익 − 장기보유특별공제 − 양도소득기본공제
⑤ 양도가액 − 장기보유특별공제 − 양도소득기본공제 − 필요경비

19 「소득세법」상 거주자가 양도가액과 취득가액을 실지 거래된 금액을 기준으로 양도차익을 산정하는 경우, 양도소득의 필요경비에 해당하지 않는 것은? (단, 지출액은 양도주택과 관련된 것으로 전액 양도자가 부담하고 법령에 따른 증명서류가 수취ㆍ보관되어 있음)

① 개발부담금과 수익적지출액
② 취득가액
③ 취득에 관한 쟁송이 있는 자산에 대하여 그 소유권확보를 위하여 직접 소요된 소송비용(다만, 지출한 연도의 각 소득금액 계산상 필요경비에 산입된 것은 제외)
④ 취득시 법령의 규정에 따라 매입한 국민주택채권을 만기 전에 법령이 정하는 금융기관에 양도함으로써 발생하는 매각차손
⑤ 「공인중개사법」에 따른 공인중개사에게 지급한 중개보수

20 「소득세법」상 사업소득이 있는 거주자가 실지거래가액에 의해 부동산의 양도차익을 계산하는 경우 필요경비에 관한 설명으로 틀린 것은?

① 취득에 관한 쟁송이 있는 자산에 대하여 그 소유권 등을 확보하기 위하여 직접 소요된 소송비용(다만, 지출한 연도의 사업소득금액 계산 상 필요경비에 산입된 것은 제외)은 취득가액에 포함한다.
② 당사자 약정에 의한 대금지급방법에 따라 취득원가에 이자상당액을 가산하여 거래가액을 확정한 경우 당해 이자상당액은 취득원가에 포함한다.
③ 양도자산의 보유기간 중에 그 자산의 감가상각비로서 사업소득금액의 계산시에 필요경비로 산입한 금액은 취득가액에서 공제한다.
④ 주택의 취득대금에 충당하기 위한 대출금의 이자지급액은 취득원가에 포함한다.
⑤ 취득가액을 실지거래가액에 의하는 경우 당초 약정에 의한 지급기일의 지연으로 인하여 추가로 발생하는 이자상당액은 취득원가에 포함하지 아니한다.

21 「소득세법」상 거주자의 양도소득세가 과세되는 부동산의 양도가액 또는 취득가액을 추계조사하여 양도소득 과세표준 및 세액을 결정 또는 경정하는 경우에 관한 설명으로 틀린 것은 몇 개인가? (단, 매매사례가액과 감정가액은 특수관계인과의 거래가액이 아님)

> ㉠ 양도 또는 취득당시의 실지거래가액의 확인을 위하여 필요한 장부·매매계약서·영수증 기타 증빙서류가 없거나 그 중요한 부분이 미비된 경우 추계결정 또는 경정의 사유에 해당한다.
> ㉡ 취득당시 실지거래가액을 확인할 수 없는 경우에는 매매사례가액, 환산가액, 감정가액, 기준시가를 순차로 적용하여 산정한 가액을 취득가액으로 한다.
> ㉢ 매매사례가액은 양도일 또는 취득일 전후 각 3개월 이내에 해당 자산과 동일성 또는 유사성이 있는 자산의 매매사례가 있는 경우 그 가액을 말한다.
> ㉣ 감정가액은 해당 자산에 대하여 감정평가기준일이 양도일 또는 취득일 전후 각 3개월 이내이고 둘 이상의 감정평가법인 등이 평가한 것으로서 신빙성이 있는 것으로 인정되는 경우 그 감정가액의 평균액으로 한다(다만, 기준시가가 10억원 이하인 경우에는 하나).
> ㉤ 환산가액은 양도가액을 추계할 경우에는 적용되지만 취득가액을 추계할 경우에는 적용되지 않는다.
> ㉥ 취득가액을 매매사례가액으로 계산하는 경우 취득당시 기준시가에 3/100을 곱한 금액이 필요경비에 포함된다.

① 1개 ② 2개 ③ 3개
④ 4개 ⑤ 5개

22 추계결정에 의한 양도·취득가액과 기타의 필요경비에 대한 설명이다. 틀린 것은?

① 취득당시의 실지거래가액을 확인할 수 없는 경우 취득가액은 매매사례가액, 감정가액 및 환산가액을 적용한다.
② 기준시가 및 실지거래가액을 확인할 수 없어 매매사례가액, 감정가액 및 환산가액에 의하여 양도차익을 계산하는 경우 필요경비는 취득당시의 기준시가에 매입부대비용 등을 감안하여 자산별로 정한 일정한 율에 의하여 계산한 금액(개산공제액)을 필요경비로 공제한다.
③ 매매사례가액과 감정가액을 적용함에 있어 특수관계인과의 거래에 따른 가액 등으로서 객관적으로 부당하다고 인정되는 경우에는 해당 가액을 적용하지 아니한다.
④ 취득가액을 실지거래가액이 아닌 추계결정하는 경우 사업소득금액 계산시 필요경비로 산입한 감가상각비는 취득가액에서 공제하지 않는다.
⑤ 취득가액을 환산가액으로 하는 경우로서 환산가액과 개산공제액의 합계액이 자본적지출액과 양도비용의 합계액보다 적은 경우에는 자본적지출액과 양도비용의 합계액을 필요경비로 할 수 있다.

23 아래 자료에 의하여 양도소득세 부담을 최소화하기 위한 양도차익은?

> ㉠ 취득당시 실지거래가액 : 알 수 없음
> ㉡ 양도당시 실지거래가액 : 500,000,000원
> ㉢ 취득당시 기준시가 : 150,000,000원
> ㉣ 양도당시 기준시가 : 400,000,000원
> ㉤ 자본적 지출액 : 200,000,000원
> ㉥ 등기된 자산으로 취득 후 2년 이후 양도에 해당함
> ㉦ 매매사례가액 및 감정가액은 없는 것으로 가정함

① 240,000,000원
② 244,000,000원
③ 302,500,000원
④ 308,000,000원
⑤ 300,000,000원

24 「소득세법」상 양도차익계산에 관한 설명으로 틀린 것은? (단, 특수관계인과의 거래가 아님)
① 취득가액을 실지거래가액에 의하는 경우 당초 약정에 의한 지급기일의 지연으로 인하여 추가로 발생하는 이자상당액은 취득원가에 포함하지 아니한다.
② 실지거래가액에 의해 양도차익을 계산하는 경우 양도자산의 취득 후 쟁송이 있는 경우 그 소유권을 확보하기 위하여 직접 소요된 소송비용으로서 그 지출한 연도의 각 사업소득금액 계산시 필요경비에 산입된 금액은 자본적 지출액에 포함되지 않는다.
③ 취득당시 실지거래가액을 확인할 수 없는 경우에는 매매사례가액, 환산가액, 감정가액, 기준시가를 순차로 적용하여 산정한 가액을 취득가액으로 한다.
④ 취득가액을 매매사례가액으로 계산하는 경우 취득당시 기준시가에 3/100을 곱한 금액이 필요경비에 포함된다.
⑤ 취득가액을 환산가액으로 하는 경우 세부담의 최소화를 위하여 환산가액과 필요경비개산공제액의 합계액이 자본적지출액과 양도비용의 합계액보다 적은 경우에는 자본적지출액과 양도비용의 합계액을 필요경비로 할 수 있다.

25 「소득세법」상 장기보유특별공제에 관한 설명으로 틀린 것은?
① 장기보유특별공제액은 양도차익에 공제율을 곱하여 계산한다.
② 거주자 갑이 비과세요건을 충족한 1세대 1주택(보유기간 5년 6개월, 거주기간 1년 6개월)을 25억원에 양도한 경우 장기보유특별공제율은 20%이다.
③ 「소득세법」 제104조 제3항에 따른 미등기 양도자산에 대하여는 장기보유특별공제를 적용하지 아니한다.
④ 「소득세법」 제97조의2 제1항에 따라 이월과세를 적용받는 경우 장기보유특별공제의 보유기간은 증여자가 해당 자산을 취득한 날부터 기산한다.
⑤ 특수관계인에게 증여한 자산에 대해 증여자인 거주자에게 양도소득세가 과세되는 경우 장기보유특별공제의 보유기간은 증여자가 해당 자산을 취득한 날부터 기산한다.

26 「소득세법」상 장기보유특별공제에 관한 설명으로 틀린 것은? (다만, 양도자산은 비과세되지 아니함)
① 장기보유특별공제는 보유기간 동안의 명목소득에 대한 세부담 경감과 과중한 세부담으로 인한 부동산 시장의 동결효과를 방지하는데 그 의의가 있다.
② 「소득세법」 제104조 제3항에 따른 미등기 양도자산에 대하여는 장기보유특별공제를 적용하지 아니한다.
③ 장기보유특별공제는 취득가액에 공제율을 곱하여 구하는 금액으로 한다.
④ 양도소득금액은 양도차익에서 장기보유특별공제를 공제한 금액으로 한다.
⑤ 법원의 결정에 의하여 양도당시 취득에 관한 등기가 불가능한 부동산은 미등기양도에서 제외되어 장기보유특별공제를 적용받을 수 있다.

27 다음은 「소득세법」상 양도소득기본공제에 대한 설명이다. 틀린 것은?
① 종중을 1거주자로 보는 경우 양도소득기본공제는 연 1회 250만원을 적용하며 비거주자의 경우에는 양도소득기본공제를 적용하지 않는다.
② 과세소득과 감면소득이 있는 경우 양도소득기본공제는 과세소득금액에서 먼저 공제하고, 미공제분은 감면소득금액에서 공제한다.
③ 양도소득기본공제는 그룹별로 각각 연 250만원을 공제하며, 같은 그룹의 자산을 연중 2회 이상 양도하였을 경우에는 먼저 양도한 자산의 양도소득금액에서부터 공제한다.
④ 미등기양도자산인 경우에도 「소득세법 시행령」의 규정에 따라 미등기양도자산에서 제외되는 것은 양도소득기본공제가 가능하다.
⑤ 2 이상의 토지를 동시에 양도한 경우 납세자의 선택에 따라 양도소득기본공제액의 차감 순서를 지정할 수 있다.

28 다음은 양도소득세에 있어서 양도소득금액의 계산에 관한 설명이다. 틀린 것은?

① 국내 토지의 양도로 발생한 양도차손은 동일한 과세기간에 국내 전세권의 양도로 발생한 양도소득금액에서 공제할 수 있다.
② 양도소득금액을 계산할 때 국내 부동산을 취득할 수 있는 권리에서 발생한 양도차손은 국내 토지에서 발생한 양도소득금액에서 공제할 수 있다.
③ 국내 부동산에 관한 권리의 양도로 발생한 양도차손은 국내 토지의 양도에서 발생한 양도소득금액에서 공제할 수 있다.
④ 국내 자산의 소득별로 소득금액을 계산할 때 양도차손이 발생한 자산이 있는 경우에는 양도차손이 발생한 자산과 같은 세율을 적용받는 자산의 양도소득금액에서 그 양도차손을 공제한다.
⑤ 국외 부동산을 양도하여 발생한 양도차손은 동일한 과세기간에 국내 부동산을 양도하여 발생한 양도소득금액에서 통산할 수 있다.

29 「소득세법」상 등기된 국내 부동산에 대한 양도소득 과세표준의 세율 중 가장 높은 것은?

① 1년 6개월 보유한 1주택(과세표준이 1천만원인 경우)
② 2년 1개월 보유한 상가건물(과세표준이 1천 4백만원인 경우)
③ 6개월 보유한 1주택(과세표준이 1천만원인 경우)
④ 10개월 보유한 상가건물(과세표준이 1천만원인 경우)
⑤ 1년 8개월 보유한 상가건물(과세표준이 1천만원인 경우)

30 다음은 양도소득세의 세율에 관한 내용이다. 틀린 것은?

① 하나의 자산이 둘 이상의 세율에 해당할 때에는 해당 세율을 적용하여 계산한 양도소득 산출세액 중 큰 것을 그 세액으로 한다.
② 세율 적용시 보유기간은 해당 자산의 취득일부터 양도일까지로 한다. 다만, 상속받은 자산은 피상속인이 그 자산을 취득한 날을 그 자산의 취득일로 본다.
③ 해당 과세기간에 자산을 둘 이상 양도하는 경우 양도소득 산출세액은 해당 과세기간의 양도소득과세표준 합계액에 대하여 기본세율을 적용하여 계산한 양도소득 산출세액과 자산별 양도소득 산출세액 합계액 중 큰 것으로 한다.
④ 같은 날짜에 주택을 취득하고 양도한 경우 또는 같은 날짜에 주택을 증여하고 양도한 경우의 주택의 취득 및 양도(증여 포함) 순서는 거주자가 선택하는 순서에 따라 판단한다.
⑤ 6개월 보유한 골프 회원권을 양도한 경우와 6개월 보유한 등기된 1세대 1주택인 아파트를 양도한 경우의 양도소득세 세율은 동일하다.

31 「소득세법」상 미등기양도자산에 관한 설명으로 틀린 것은?

① 건설사업자가 「도시개발법」에 따라 공사용역 대가로 취득한 체비지를 토지구획환지처분공고 전에 양도하는 토지는 미등기양도자산에 해당하지 않는다.
② 미등기양도자산인 경우 양도차익이 양도소득 과세표준이 된다.
③ 법률의 규정 또는 법원의 결정에 의하여 양도당시 그 자산의 취득에 관한 등기가 불가능한 자산은 미등기양도자산에 해당하지 않는다.
④ 미등기로 자산을 양도한 경우 필요경비개산공제를 적용한다.
⑤ 미등기양도자산에 대하여는 양도소득세 산출세액에 70%의 세율을 적용하여 양도소득세를 산출한다.

32 甲이 등기된 국내소재 공장(건물)을 양도한 경우, 양도소득 과세표준 예정신고에 관한 설명으로 옳은 것은? (단, 甲은 소득세법상 부동산매매업을 영위하지 않는 거주자이며 국세기본법상 기한연장 사유는 없음)

① 2025년 3월 31일에 양도한 경우, 예정신고납부기한은 2025년 5월 31일이다.
② 예정신고 기간은 양도일이 속한 연도의 다음 연도 5월 1일부터 5월 31일까지이다.
③ 양도차손이 발생한 경우 예정신고할 의무는 없다.
④ 예정신고시 예정신고납부세액공제(산출세액의 10%)가 적용된다.
⑤ 예정신고를 하지 않은 경우 확정신고를 하면, 예정신고에 대한 가산세는 부과되지 아니한다.

33 다음은 양도소득세의 신고 및 납부에 관련된 설명이다. 틀린 것은?

① 소득세법상 거주자인 개인이 국내소재 부동산을 2025년 10월 24일 양도한 경우 양도소득과세표준 예정신고납부기한은 2025년 12월 31일이고 관할관청은 양도인의 주소지 관할 세무서장으로 한다.

② 양도차익이 없거나 양도차손이 발생한 경우에도 양도소득과세표준 예정신고를 하여야 한다.

③ 복식부기의무자가 아닌 거주자가 매매계약서의 조작을 통하여 양도소득세 과세표준을 과소신고한 경우에는 부정행위로 인한 과소신고납부세액등의 100분의 40(국제거래에서 발생한 부정행위로 과소신고한 경우에는 100분의 60)에 상당하는 금액을 가산세로 한다.

④ 거주자가 건물을 신축 또는 증축(증축의 경우 바닥면적 합계가 85제곱미터를 초과하는 경우에 한정한다)하고 그 건물의 취득일 또는 증축일부터 5년 이내에 해당 건물을 양도하는 경우로서 감정가액 또는 환산취득가액을 그 취득가액으로 하는 경우에는 해당 건물의 감정가액(증축의 경우 증축한 부분에 한정한다) 또는 환산취득가액(증축의 경우 증축한 부분에 한정한다)의 100분의 3에 해당하는 금액을 양도소득 결정세액에 더한다.

⑤ 예정신고납부시 납부할 세액이 1천 8백만원인 경우 8백만원을 납부기한이 지난 후 2개월 이내에 분납할 수 있다.

34 소득세법령상 양도소득과세표준 예정신고 및 결정·경정에 관한 설명으로 옳지 않은 것은?

① 건물을 양도(부담부증여 아님)한 경우에는 그 양도일이 속하는 달의 말일부터 2개월 내에 예정신고를 하여야 한다.

② 법령상의 토지거래계약에 관한 허가구역에 있는 토지를 양도할 때 토지거래계약허가(허가를 받은 후 허가구역 지정이 해제됨)를 받기 전에 대금을 청산한 경우에는 그 허가일이 속하는 달의 말일부터 2개월 내에 예정신고를 하여야 한다.

③ 해당 과세기간에 누진세율의 적용대상 자산에 대한 예정신고를 2회 이상 하는 경우에는 이미 신고한 양도소득금액과 합산하여 신고하여야 한다.

④ 납세지 관할 세무서장 또는 지방국세청장은 예정신고를 하여야 할 자가 그 신고를 하지 아니한 경우에는 해당 거주자의 양도소득과세표준과 세액을 결정한다.

⑤ 건물을 부담부증여하는 경우 부담부증여의 채무액에 해당하는 부분으로서 양도로 보는 경우에는 그 양도일이 속하는 달의 말일부터 3개월 내에 예정신고를 하여야 한다.

35 「소득세법」상 국외자산 양도에 관한 설명으로 틀린 것은?

① 「소득세법」상 국외자산의 양도에 대한 양도소득세 과세에 있어서 국내자산의 양도에 대한 양도소득세 규정 중 기준시가의 산정은 준용하지 않는다.
② 장기보유특별공제는 국외자산의 보유기간이 3년 이상인 경우에만 적용된다.
③ 양도차익 계산시 필요경비의 외화환산은 지출일 현재 「외국환거래법」에 의한 기준환율 또는 재정환율에 의한다.
④ 미등기 국외토지에 대한 양도소득세율은 6%~45%이다.
⑤ 국외주택 양도소득에 대하여 납부하였거나 납부할 국외주택 양도소득세액은 해당 과세기간의 국외주택 양도소득금액 계산상 필요경비에 산입할 수 있다.

36 「소득세법」상 농지교환으로 인한 양도소득세와 관련하여 (   )에 들어갈 내용으로 옳은 것은?

- 「국토의 계획 및 이용에 관한 법률」에 따른 주거지역·상업지역·공업지역 외에 있는 농지(환지예정지 아님)를 경작상 필요에 의하여 교환함으로써 발생한 소득은 쌍방 토지가액의 차액이 가액이 큰 편의 (㉠) 이하이고 새로이 취득한 농지를 (㉡) 이상 농지소재지에 거주하면서 경작하는 경우 비과세한다.
- 「국토의 계획 및 이용에 관한 법률」에 따른 개발제한구역에 있는 농지는 (㉢)에 해당하지 아니한다(단, 소유기간 중 개발제한구역 지정·변경은 없음).

	㉠	㉡	㉢
①	4분의 1	3년	비사업용 토지
②	4분의 1	3년	사업용 토지
③	4분의 1	5년	비사업용 토지
④	4분의 1	5년	사업용 토지
⑤	3분의 1	3년	사업용 토지

37 1세대 1주택 비과세요건을 충족하는 거주자 甲이 다음과 같은 건물(수도권 내 녹지지역에 소재)을 취득한 후 7억원에 양도하였을 경우 양도소득세의 비과세 범위로 옳은 것은?

- ㉠ 대지면적: 2,400m²
- ㉡ 건물 연면적: 400m²
- ㉢ 주거용으로 사용되는 건물면적: 300m²
- ㉣ 상업용으로 사용되는 건물면적: 100m²

① 대지 2,000m², 건물 400m²
② 대지 1,800m², 건물 400m²
③ 대지 2,000m², 건물 300m²
④ 대지 1,800m², 건물 100m²
⑤ 모두 비과세된다.

38 다음의 사례에서 양도소득세가 과세되는 양도차익은?

> ㉠ 양도물건: 1세대 1주택(1년 6개월 보유)
> ㉡ 양도당시 실지거래가액: 20억원
> ㉢ 양도차익: 5억원

① 비과세   ② 4천만원   ③ 1억원   ④ 2억원   ⑤ 5억원

39 「소득세법」상 1세대 1주택(고가주택 제외) 비과세규정에 관한 설명으로 틀린 것은? (단, 거주자의 국내주택을 가정)

① 1세대 1주택 비과세규정을 적용하는 경우 부부가 각각 세대를 달리 구성하는 경우에도 동일한 세대로 본다.
② 국내에 주택 1채와 토지를, 국외에 1채의 주택을 소유하고 있는 거주자 甲이 2025년 중 국내주택을 먼저 양도하는 경우 2년 이상 보유한 경우라도 1세대 2주택에 해당하므로 양도소득세가 과세된다.
③ 1세대 1주택에 대한 비과세 규정을 적용함에 있어 하나의 건물이 주택과 주택 외의 부분으로 복합되어 있는 경우 주택의 연면적이 주택 외의 연면적보다 클 때에는 그 전부를 주택으로 본다.
④ 1주택을 보유하는 자가 1주택을 보유하는 자와 혼인함으로써 1세대가 2주택을 보유하게 되는 경우 혼인한 날부터 10년 이내에 먼저 양도하는 주택(보유기간 및 거주기간 4년)은 비과세한다.
⑤ 「해외이주법」에 따른 해외이주로 세대전원이 출국하는 경우 출국일 현재 1주택을 보유하고 있고 출국일부터 2년 이내에 당해 주택을 양도하는 경우 보유기간 및 거주기간 요건을 충족하지 않더라도 비과세한다.

40 「소득세법」상 거주자 甲이 2019년 1월 20일에 취득한 건물(취득가액 3억원)을 甲의 배우자 乙에게 2023년 3월 5일자로 증여(해당 건물의 시가 8억원)한 후, 乙이 2025년 5월 20일에 해당 건물을 甲·乙의 특수관계인이 아닌 丙에게 10억원에 매도하였다. 해당 건물의 양도소득세에 관한 설명으로 틀린 것은? (단, 취득·증여·매도의 모든 단계에서 등기를 마침)

① 양도소득세 납세의무자는 乙이다.
② 양도소득금액 계산시 장기보유특별공제가 적용된다.
③ 양도차익 계산시 양도가액에서 공제할 취득가액은 3억원이다.
④ 乙이 납부한 증여세는 양도소득세 납부세액 계산시 필요경비에 산입한다.
⑤ 양도소득세에 대해 甲과 乙이 연대하여 납세의무를 진다.

41 다음은 「소득세법」 제97조의2 [양도소득의 필요경비 계산 특례]에 대한 내용이다. 틀린 것은? (단, 2023년 1월 1일 이후 증여받은 것으로 가정함)

① 거주자가 양도일부터 소급하여 10년 이내에 그 배우자 또는 직계존비속으로부터 증여받은 토지·건물이나 부동산을 취득할 수 있는 권리·특정시설물이용권의 양도차익을 계산할 때 양도가액에서 공제할 취득가액은 그 배우자 또는 직계존비속의 취득 당시 금액으로 한다.
② 양도 당시 혼인관계가 소멸된 경우를 포함하되, 사망으로 혼인관계가 소멸된 경우는 제외한다.
③ 이월과세를 적용하여 계산한 양도소득결정세액이 이월과세를 적용하지 않고 계산한 양도소득결정세액보다 적은 경우 이월과세를 적용하지 아니한다.
④ 거주자가 증여받은 자산에 대하여 납부하였거나 납부할 증여세 상당액이 있는 경우에는 필요경비에 산입한다.
⑤ 장기보유특별공제 보유기간 적용시 증여를 받은 날부터 기산(起算)한다.

42 甲이 2025년 3월 5일에 특수관계인 乙로부터 토지를 3억 1천만원(시가 3억원)에 취득한 경우 양도차익 계산시 취득가액은 얼마인가? (다만, 甲·乙은 거주자이고, 배우자 및 직계존비속 관계가 없음)

① 285,000,000원 ② 300,000,000원
③ 310,000,000원 ④ 315,000,000원
⑤ 320,000,000원

43 다음은 「소득세법」 제101조 [양도소득의 부당행위계산] 중 우회양도부인에 대한 설명이다. 틀린 것은?

① 거주자가 특수관계인(제97조의2 제1항을 적용받는 배우자 및 직계존비속의 경우는 제외한다)에게 자산을 증여한 후 그 자산을 증여받은 자가 그 증여일부터 10년 이내에 다시 타인에게 양도한 경우로서 증여받은 자의 증여세와 양도소득세를 합한 세액이 증여자가 직접 양도하는 경우로 보아 계산한 양도소득세보다 적은 경우에는 증여자가 그 자산을 직접 양도한 것으로 본다.
② 10년 이내 양도한 자산의 양도소득이 해당 수증자에게 실질적으로 귀속된 경우에는 부당행위계산부인대상에서 제외한다.
③ 양도차익 계산시 취득가액은 증여자의 취득 당시를 기준으로 한다.
④ 증여자에게 양도소득세가 과세되는 경우에는 당초 증여받은 자산에 대해서는 「상속세 및 증여세법」의 규정에도 불구하고 증여세를 부과하지 아니한다.
⑤ 증여자가 부담하여야 할 양도소득세가 증여받은 자가 부담하여야 할 증여세와 양도소득세의 합계액보다 많아 부당행위계산 규정을 적용할 때 증여자의 다른 자산에서 발생한 양도차손이 있는 경우에는 이를 해당 자산에서 발생한 양도차익과 통산하지 아니한다.

44 「소득세법」상 거주자의 양도소득세에 관한 설명으로 틀린 것은? (단, 국내소재 부동산을 양도한 경우임)

① 1세대 2주택을 3년 이상 보유한 자가 등기된 주택(조정대상지역이 아님)을 양도한 경우 장기보유특별공제를 적용받을 수 있다.
② 100분의 70의 양도소득세 세율이 적용되는 미등기 양도자산에 대해서는 양도소득 과세표준 계산시 양도소득기본공제는 적용되지 않는다.
③ 2025년에 양도한 토지에서 발생한 양도차손은 5년 이내에 양도하는 토지의 양도소득금액에서 이월하여 공제받을 수 있다.
④ 1세대 1주택에 대한 비과세 규정을 적용함에 있어 하나의 건물이 주택과 주택 외의 부분으로 복합되어 있는 경우 주택의 연면적이 주택 외의 연면적보다 클 때에는 그 전부를 주택으로 본다.
⑤ 거주자 甲의 부동산양도에 따른 소득세의 납세지는 甲의 주소지를 원칙으로 한다.

45 「소득세법」상 거주자의 양도소득세와 「지방세법」상 거주자의 국내자산 양도소득에 대한 지방소득세에 관한 설명으로 틀린 것은?

① 「소득세법」 제97조의2 제1항에 따라 이월과세를 적용받는 경우 장기보유특별공제의 보유기간은 증여자가 해당 자산을 취득한 날부터 기산한다.
② 같은 해에 여러 개의 자산(모두 등기됨)을 양도한 경우 양도소득기본공제는 해당 과세기간에 먼저 양도한 자산의 양도소득금액에서부터 순서대로 공제한다. 단, 감면소득금액은 없다.
③ 양도소득에 대한 개인지방소득세 과세표준은 종합소득 및 퇴직소득에 대한 개인지방소득세 과세표준과 구분하여 계산한다.
④ 양도소득에 대한 개인지방소득세 과세표준은 「소득세법」상 양도소득과세표준으로 하는 것이 원칙이다.
⑤ 「소득세법」상 보유기간이 8개월인 조합원입주권의 양도소득에 대한 개인지방소득세 세율은 양도소득에 대한 개인지방소득세 과세표준의 1백분의 70을 적용한다.

46 「소득세법」상 거주자의 양도소득세에 관한 설명으로 옳은 것은 몇 개인가? (단, 국내소재 부동산의 양도임)

㉠ 1세대 1주택 비과세 요건을 충족하는 고가주택의 양도가액이 15억원이고 양도차익이 5억원인 경우 양도소득세가 과세되는 양도차익은 1억원이다.
㉡ 양도소득금액을 계산할 때 부동산을 취득할 수 있는 권리에서 발생한 양도차손은 토지에서 발생한 양도소득금액에서 공제할 수 없다.
㉢ 「소득세법」 제97조의2 제1항에 따라 이월과세를 적용받는 경우 장기보유특별공제의 보유기간은 증여자가 해당 자산을 취득한 날부터 기산한다.
㉣ 상업용 건물에 대한 새로운 기준시가가 고시되기 전에 취득 또는 양도하는 경우에는 직전의 기준시가에 의한다.
㉤ 거주자 甲이 국내소재 1세대 1주택을 4년 6개월 보유·거주한 후 15억원에 양도한 경우 양도차익은 28,950,000원이다(취득가액은 확인 불가능하고 양도당시 기준시가는 5억원, 취득당시 기준시가는 3억 5천만원이며 주어진 자료 외는 고려하지 않는다).

① 0개　　② 1개　　③ 2개
④ 3개　　⑤ 4개

47 「소득세법」상 거주자의 양도소득세에 관한 설명으로 옳은 것은 몇 개인가? (단, 국내소재 부동산의 양도임)

> ㉠ 부동산을 취득할 수 있는 권리에 대한 기준시가는 양도자산의 종류를 고려하여 취득일 또는 양도일까지 납입한 금액으로 한다.
> ㉡ 거주자 甲이 2019년 1월 20일에 취득한 건물을 甲의 배우자 乙에게 2023년 3월 5일자로 증여한 후, 乙이 2025년 10월 28일에 甲・乙의 특수관계인이 아닌 丙에게 양도한 경우 乙이 납부한 증여세는 양도소득세 납부세액 계산시 세액공제된다.
> ㉢ 특수관계인 간의 거래가 아닌 경우로서 취득가액인 실지거래가액을 인정 또는 확인할 수 없어 그 가액을 추계결정 또는 경정하는 경우에는 매매사례가액, 감정가액, 기준시가의 순서에 따라 적용한 가액에 의한다.
> ㉣ 양도차익을 실지거래가액에 의하는 경우 양도가액에서 공제할 취득가액은 그 자산에 대한 감가상각비로서 각 과세기간의 사업소득금액을 계산하는 경우 필요경비에 산입한 금액이 있을 때에는 이를 공제하지 않은 금액으로 한다.
> ㉤ 2018년 4월 1일 이후 지출한 자본적지출액은 그 지출에 관한 증명서류를 수취・보관하지 않고 실제 지출사실이 금융거래 증명서류에 의하여 확인되지 않는 경우에도 양도차익 계산시 양도가액에서 공제할 수 있다.

① 0개 ② 1개 ③ 2개
④ 3개 ⑤ 4개

48 「소득세법」상 거주자의 국내자산 양도소득세 계산에 관한 설명으로 옳은 것은?

① A법인과 특수관계에 있는 주주가 시가 3억원(「법인세법」제52조에 따른 시가임)의 토지를 A법인에게 5억원에 양도한 경우 양도가액은 5억원으로 본다. 단, A법인은 이 거래에 대하여 세법에 따른 처리를 적절하게 하였다.
② 국세청장이 지정하는 지역에 있는 오피스텔의 기준시가는 토지에 대하여는 개별공시지가로 하고 건물에 대하여는 신축가격, 구조, 용도, 위치, 신축연도 등을 고려하여 매년 1회 이상 국세청장이 산정・고시하는 가액으로 한다.
③ 「국토의 계획 및 이용에 관한 법률」에 따른 개발제한구역에 있는 농지는 비사업용 토지에 해당한다(단, 소유기간 중 개발제한구역 지정・변경은 없음).
④ 이월과세를 적용하여 계산한 양도소득결정세액이 이월과세를 적용하지 않고 계산한 양도소득소득결정세액보다 적은 경우에 이월과세를 적용한다.
⑤ 취득원가에 현재가치할인차금이 포함된 양도자산의 보유기간 중 사업소득금액 계산시 필요경비로 산입한 현재가치할인차금 상각액은 양도차익을 계산할 때 취득가액에서 공제한다.

49 「소득세법」상 거주자의 양도소득세에 관한 설명으로 옳은 것은 몇 개인가?

> ㉠ 이미 납부한 확정신고세액이 관할세무서장이 결정한 양도소득 총결정세액을 초과할 때에는 해당 결정일부터 90일 이내에 환급해야 한다.
> ㉡ 과세기간별로 이미 납부한 확정신고세액이 관할세무서장이 결정한 양도소득 총결정세액을 초과한 경우 다른 국세에 충당할 수 없다.
> ㉢ 거주자가 특수관계인과의 거래(시가와 거래가액의 차액이 5억원임)에 있어서 토지를 시가에 미달하게 양도함으로써 조세의 부담을 부당히 감소시킨 것으로 인정되는 때에는 그 양도가액을 시가에 의하여 계산한다.
> ㉣ 부동산에 관한 권리의 양도로 발생한 양도차손은 토지의 양도에서 발생한 양도소득금액에서 공제할 수 없다.
> ㉤ 이월과세를 적용하여 계산한 양도소득결정세액이 이월과세를 적용하지 않고 계산한 양도소득결정세액보다 적은 경우에 이월과세를 적용한다.

① 1개   ② 2개   ③ 3개
④ 4개   ⑤ 5개

50 소득세법령상 양도소득에 관한 설명으로 옳은 것은?

① 「도시개발법」에 따른 환지처분으로 지목이 변경되는 경우는 양도로 본다.
② 국가가 시행하는 사업으로 인하여 교환하는 농지로서 교환하는 쌍방 토지가액의 차액이 가액이 큰 편의 5분의 1인 농지의 교환으로 발생하는 소득은 양도소득세가 비과세된다.
③ 파산선고에 의한 처분으로 발생하는 소득은 양도소득세가 과세된다.
④ 취득에 관한 쟁송이 있는 자산에 대하여 그 소유권을 확보하기 위하여 직접 소요된 소송비용으로서 그 지출한 연도의 각 종합소득금액의 계산에 있어서 필요경비에 산입된 것은 양도차익 계산시 공제된다.
⑤ 양도소득세 과세대상인 신탁 수익권을 양도한 경우 양도일이 속하는 반기의 말일부터 2개월 이내에 양도소득과세표준을 신고해야 한다.

51 취득세가 과세되는 경우를 설명한 것 중 틀린 것은?

① 무허가 건물을 신축하는 경우
② 증여에 의하여 차량을 취득한 경우
③ 상속에 의하여 임야를 취득한 경우
④ 매매에 의하여 골프 회원권을 취득한 경우
⑤ 국가, 지방자치단체 또는 지방자치단체조합에 귀속 또는 기부채납을 조건으로 취득하는 부동산

52 「지방세법」상 부동산의 유상취득으로 보지 않는 것은?
① 공매를 통하여 배우자의 부동산을 취득한 경우
② 파산선고로 인하여 처분되는 직계비속의 부동산을 취득한 경우
③ 배우자의 부동산을 취득한 경우로서 그 취득대가를 지급한 사실을 증명한 경우
④ 권리의 이전이나 행사에 등기가 필요한 부동산을 직계존속과 서로 교환한 경우
⑤ 증여자의 채무를 인수하는 부담부증여로 취득한 경우로서 그 채무액에 상당하는 부분을 제외한 나머지 부분의 경우

53 다음 중 취득세가 부과되지 않는 경우는?
① 토지에 대한 증여의 계약은 있었으나 아직 소유권이전등기를 하지 않은 경우
② 차량을 사실상 취득하였지만 등록을 하지 않은 경우
③ 공유수면의 매립·간척에 의한 농지 외의 토지를 조성한 경우
④ 주문을 받아 건조하는 선박의 경우
⑤ 토지의 지목이 임야에서 대지로 변경되어 그 가액이 증가한 경우

54 「지방세법」상 과점주주의 간주취득세에 대한 설명 중 틀린 것은 몇 개인가? (단, 주식발행법인은 「자본시장과 금융투자업에 관한 법률 시행령」 제176조의9 제1항에 따른 유가증권시장에 상장한 법인이 아니며, 「지방세특례제한법」은 고려하지 않음)

> ㉠ 법인설립시 발행하는 주식을 취득함으로써 「지방세기본법」에 따른 과점주주가 되었을 때에는 그 과점주주가 해당 법인의 부동산 등을 취득한 것으로 본다.
> ㉡ 과점주주가 취득한 것으로 보는 해당 법인의 부동산 등의 취득당시가액은 해당 법인의 결산서와 그 밖의 장부 등에 따른 부동산 등의 총가액을 그 법인의 주식 또는 출자의 총수로 나눈 가액에 과점주주가 취득한 주식 또는 출자의 수를 곱한 금액으로 한다.
> ㉢ 법인 설립 후 유상증자시에 주식을 취득하여 최초로 과점주주가 된 경우 취득세 납세의무가 있다.
> ㉣ 과점주주 집단 내부에서 주식이 이전되었으나 과점주주 집단이 소유한 총주식의 비율에 변동이 없는 경우 과점주주 간주취득세의 납세의무는 없다.

① 0개　　② 1개　　③ 2개
④ 3개　　⑤ 4개

55 甲은 판매업을 영위하는 비상장법인인 ㈜박문각의 주식을 소유하고 있다. 甲의 지분율의 변동내역과 법인의 자산내역이 다음과 같은 경우 甲의 2025년 5월 19일 주식 취득시 취득세 과세표준을 계산하면?

구 분	2024년 3월 25일	2025년 5월 19일
지분율 변동사유	설립시 취득	주식매입
주식 지분율	40%	60%

〈2025년 5월 19일 현재 ㈜박문각의 자산내역〉
㉠ 토지: 10억원
㉡ 건물: 5억원
㉢ 차량: 2억원
㉣ 골프 회원권: 3억원
㉤ ㈜삼성전자 주식: 10억원

① 0원
② 4억원
③ 8억원
④ 12억원
⑤ 18억원

56 다음은 취득세에 있어서 취득의 범위와 과세대상에 대한 설명이다. 틀린 것은?
① 부동산 등의 유상취득은 물론이고 증여·기부·상속 등의 무상취득인 경우에도 취득세가 과세된다.
② 비상장법인의 주주인 甲은 법인 설립시 70%의 주식을 취득하였고 비상장법인의 취득세 과세대상은 100억원인 경우 과점주주의 취득세 과세표준은 70억원이다.
③ 차량·기계장비·항공기 및 주문에 의하여 건조하는 선박은 승계취득인 경우에만 취득세를 과세한다.
④ 비상장법인의 주주인 甲은 2023년 법인 설립시 40% 지분비율이었다가 2024년에 30%를 증자로 추가 취득한 후 30%를 양도한 후 2025년에 다시 40%의 지분을 추가 취득한 경우 취득으로 간주되는 지분비율은 10%이다.
⑤ 공매를 통하여 배우자의 부동산을 취득한 경우 유상취득에 해당한다.

57 다음은 취득세의 납세의무자에 대한 설명이다. 틀린 것은?

① 취득세는 부동산, 차량, 기계장비, 항공기, 선박, 입목, 광업권, 양식업권, 어업권, 골프 회원권, 승마 회원권, 콘도미니엄 회원권, 종합체육시설 이용 회원권 또는 요트 회원권을 취득한 자에게 부과한다.

② 부동산 등의 취득은 「민법」, 「자동차관리법」, 「건설기계관리법」, 「항공법」, 「선박법」, 「입목에 관한 법률」, 「광업법」 또는 「수산업법」 등 관계 법령에 따른 등기·등록 등을 하지 아니한 경우라도 사실상 취득하면 각각 취득한 것으로 보고 해당 취득물건의 소유자 또는 양수인을 각각 취득자로 한다.

③ 법인의 주식 또는 지분을 취득함으로써 「지방세기본법」 제47조 제2호에 따른 과점주주가 되었을 때에는 그 과점주주가 해당 법인의 부동산 등(법인이 「신탁법」에 따라 신탁한 재산으로서 수탁자 명의로 등기·등록이 되어 있는 부동산 등을 포함한다)을 취득(법인설립시에 발행하는 주식 또는 지분을 취득함으로써 과점주주가 된 경우에는 취득으로 보지 아니한다)한 것으로 본다. 이 경우 과점주주의 연대납세의무에 관하여는 「지방세기본법」 제44조를 준용한다.

④ 증여자의 채무를 인수하는 부담부(負擔附)증여의 경우에는 그 채무액에 상당하는 부분은 부동산 등을 유상으로 취득하는 것으로 본다.

⑤ 건축물 중 조작(造作)설비, 그 밖의 부대설비에 속하는 부분으로서 그 주체구조부(主體構造部)와 하나가 되어 건축물로서의 효용가치를 이루고 있는 것에 대하여는 주체구조부 취득자 외의 자가 가설(加設)한 경우에는 이를 가설한 자가 납세의무자가 된다.

58 「지방세법」상 취득의 시기 등에 관한 설명으로 틀린 것은?

① 무상취득의 경우 해당 취득물건을 등기·등록한 후 행정안전부령으로 정하는 계약해제신고서(취득일부터 취득일이 속하는 달의 말일부터 3개월 이내에 제출된 것만 해당한다)에 해당하는 서류로 계약이 해제된 사실이 입증되는 경우에는 취득한 것으로 보지 않는다.

② 상속으로 인한 취득의 경우에는 상속개시일에 취득한 것으로 본다.

③ 토지의 지목변경에 따른 취득은 토지의 지목변경일 이전에 사용하는 부분에 대해서는 그 사실상의 사용일을 취득일로 본다.

④ 건축물을 건축 또는 개수하여 취득하는 경우 사용승인서를 내주기 전에 임시사용승인을 받은 경우에는 그 임시사용승인일과 사실상의 사용일 중 빠른 날을 취득일로 본다.

⑤ 유상승계취득의 경우 취득일 전에 등기 또는 등록을 한 경우에는 그 등기일 또는 등록일에 취득한 것으로 본다.

59 「지방세법」상 취득세의 과세표준에 관한 설명으로 틀린 것은?

① 취득세의 과세표준은 취득 당시의 가액으로 한다. 다만, 연부로 취득하는 경우 취득세의 과세표준은 연부금액(매회 사실상 지급되는 금액을 말하며, 취득금액에 포함되는 계약보증금을 포함한다)으로 한다.
② 상속에 따른 무상취득의 경우에는 「지방세법」 제4조에 따른 시가표준액을 취득당시가액으로 한다.
③ 부동산등을 무상취득(상속은 제외)하는 경우 취득 당시의 가액은 취득시기 현재 불특정 다수인 사이에 자유롭게 거래가 이루어지는 경우 통상적으로 성립된다고 인정되는 가액(매매사례가액, 감정가액, 공매가액 등 대통령령으로 정하는 바에 따라 시가로 인정되는 가액)으로 한다.
④ 오피스텔 외의 건축물의 시가표준액은 건설원가 등을 고려하여 행정안전부장관이 산정·고시하는 건물신축가격기준액에 건물의 구조별·용도별·위치별 지수·건물의 경과연수별 잔존가치율·건물의 규모·형태·특수한 부대설비 등의 유무 및 그 밖의 여건에 따른 가감산율을 적용하여 지방자치단체의 장이 결정한 가액으로 한다.
⑤ 법인이 아닌 자가 토지의 지목을 사실상 변경한 경우로서 사실상취득가격을 확인할 수 없는 경우 취득당시가액은 지목변경 이후의 토지에 대한 시가표준액으로 한다.

60 「지방세법」상 부동산의 취득세 과세표준을 사실상의 취득가격으로 하는 경우 이에 포함되지 않는 것은? (다만, 아래 항목은 법인이 국가로부터 시가로 유상취득하기 위하여 취득시기 이전에 지급하였거나 지급하여야 할 것으로 가정함)

① 취득대금 외에 당사자의 약정에 따른 취득자 조건 부담액
② 부동산의 건설자금에 충당한 차입금의 이자
③ 연불조건부 계약에 따른 이자상당액 및 연체료
④ 취득대금을 일시급으로 지불하여 일정액을 할인받은 경우 그 할인액
⑤ 취득에 필요한 용역을 제공받은 대가로 지급하는 용역비

61 「지방세법」상 부동산 취득시 취득세 과세표준에 적용되는 표준세율로 옳은 것을 모두 고른 것은?

> ㉠ 상속으로 인한 농지취득: 1천분의 28
> ㉡ 합유물 및 총유물의 분할로 인한 취득: 1천의 23
> ㉢ 원시취득(공유수면의 매립 또는 간척으로 인한 농지취득 제외): 1천분의 28
> ㉣ 법령으로 정한 비영리사업자의 상속 외의 무상취득: 1천분의 35

① ㉠, ㉡　　② ㉡, ㉢　　③ ㉠, ㉢
④ ㉡, ㉣　　⑤ ㉢, ㉣

62 부동산에 대한 취득세 표준세율로서 옳은 것은?

① 건축(신축과 재축은 제외한다) 또는 개수로 인하여 건축물 면적이 증가할 때 그 증가된 부분: 1천분의 28
② 상속으로 임야 취득: 1천분의 23
③ 공유물의 분할(등기부등본상 본인 지분을 초과하는 부분의 경우에는 제외한다): 1천분의 28
④ 매매로 나대지의 취득: 1천분의 30
⑤ 개인이 증여로 농지 취득: 1천분의 28

63 「지방세법」상 취득세의 표준세율이 가장 높은 것은? (단, 「지방세특례제한법」은 고려하지 않음)

① 유상거래를 원인으로 취득 당시의 가액이 6억원 이하인 상가를 취득
② 비영리사업자의 증여로 인한 농지 취득
③ 교환으로 인한 농지의 취득
④ 배우자로부터 증여받은 농지의 취득
⑤ 상속으로 취득한 상가

64 「지방세법」상 아래의 부동산 등을 신(증)축하는 경우 취득세가 중과(重課)되지 않는 것은 몇 개인가? (단, 지방세법상 중과요건을 충족하는 것으로 가정함)

㉠ 병원의 병실
㉡ 골프장
㉢ 고급주택
㉣ 법인 본점의 사무소전용 주차타워
㉤ 대도시에서 법인이 사원에 대한 임대용으로 직접 사용할 목적으로 취득한 사원주거용 목적의 공동주택[1구의 건축물의 연면적(전용면적을 말한다)이 60제곱미터 이하임]
㉥ 「수도권정비계획법」에 의한 과밀억제권역 안에서 공장을 신설하거나 증설하기 위한 사업용 과세물건

① 1개　　② 2개　　③ 3개
④ 4개　　⑤ 5개

65 「지방세법」상 취득세액을 계산할 때 중과기준세율만을 적용하는 경우는 몇 개인가? (단, 취득세 중과물건이 아님)

㉠ 상속으로 인한 취득 중 법령으로 정하는 1가구 1주택 및 그 부속토지의 취득
㉡ 공유물의 분할로 인한 취득(등기부등본상 본인지분을 초과하지 아니함)
㉢ 건축물의 이전으로 인한 취득(이전한 건축물의 가액이 종전 건축물의 가액을 초과하지 아니함)
㉣ 「민법」(이혼한 자 일방의 재산분할청구권 행사)에 따른 재산분할로 인한 취득
㉤ 개수로 인한 취득(개수로 인하여 건축물 면적이 증가하지 아니함)
㉥ 토지의 지목을 사실상 변경함으로써 그 가액이 증가한 경우
㉦ 법인 설립 후 유상 증자시에 주식을 취득하여 최초로 과점주주가 된 경우
㉧ 상속으로 농지를 취득한 경우

① 1개　　② 2개　　③ 3개
④ 4개　　⑤ 5개

66 「지방세법」상 취득세의 부과·징수에 관한 설명으로 옳은 것은? (단, 납세자가 국내에 주소를 둔 경우에 한함)

① 상속으로 취득세 과세물건을 취득한 자는 상속개시일로부터 6개월 이내에 과세표준과 세액을 신고·납부하여야 한다.
② 취득세 과세물건을 취득한 후에 그 과세물건이 중과세율의 적용대상이 되었을 때에는 취득한 날부터 60일 이내에 중과세율을 적용하여 산출한 세액에서 이미 납부한 세액(가산세 포함)을 공제한 금액을 신고하고 납부하여야 한다.
③ 취득세 과세물건을 취득한 자가 재산권의 취득에 관한 사항을 등기하는 경우 등기한 후 30일 내에 취득세를 신고·납부하여야 한다.
④ 취득세 납세의무가 있는 법인이 장부 등의 작성과 보존의무를 이행하지 아니한 경우 산출세액의 100분의 20에 상당하는 가산세가 부과된다.
⑤ 토지를 취득한 자가 그 취득한 날부터 1년 이내에 그에 인접한 토지를 취득한 경우 그 전후의 취득에 관한 토지의 취득을 1건의 토지 취득으로 보아 취득세에 대한 면세점을 적용한다.

67 지방세법상 취득세의 부과·징수에 관한 설명이다. 옳은 것은?

① 상속으로 인한 취득의 경우는 상속개시일이 속하는 달의 말일부터 6개월(피상속인이 외국에 주소를 둔 경우에는 9개월) 이내에 신고하고 납부하여야 한다.
② 지목변경, 주식 등의 취득 등 취득으로 보는 과세물건을 사실상 취득한 후 신고를 하지 아니하고 매각하는 경우 중가산세 규정을 적용한다.
③ 취득세액이 50만원 이하일 때에는 취득세를 부과하지 아니한다.
④ 취득세 법정신고기한까지 과세표준신고서를 제출하지 아니한 자가 법정신고기한이 지난 후 3개월 초과 6개월 이내에 기한후신고한 경우 납부지연가산세의 20%를 감면한다.
⑤ 취득세 과세물건을 취득한 후에 그 과세물건이 중과세 세율의 적용대상이 되었을 때에는 대통령령으로 정하는 날부터 60일 이내에 중과세 세율을 적용하여 산출한 세액에서 이미 납부한 세액(가산세는 제외한다)을 공제한 금액을 세액으로 하여 신고하고 납부하여야 한다.

68 「지방세법」상 취득세의 비과세에 대한 설명 중 틀린 것은?

① 수익사업용인 모델하우스에 대하여 존속기간이 1년 미만이면 취득세를 비과세한다.
② 「지방세법」상 취득세 비과세 등에서 규정한 「신탁」이라 함은 「신탁법」에 의하여 위탁자가 수탁자에 신탁등기를 하거나 신탁해지로 수탁자가 위탁자에게 이전되거나 수탁자가 변경되는 경우를 말하며, 명의신탁해지로 인한 취득 등은 「신탁법」에 의한 신탁이 아니므로 이에 해당되지 아니한다.
③ 부동산을 취득한 이후에 해당 부동산을 국가나 지방자치단체에 기부채납하기로 국가 등과 계약 등을 한 경우 취득세를 비과세한다.
④ 서울특별시가 구청청사로 취득한 건물은 취득세를 비과세한다.
⑤ 임시용 건축물에 대한 "존속기간 1년 초과" 판단의 기산점은 「건축법」 제20조 규정에 의하여 시장·군수에게 신고한 가설건축물 축조신고서상 존치기간의 시기(그 이전에 사실상 사용한 경우에는 그 사실상 사용일)가 되고, 신고가 없는 경우에는 사실상 사용일이 된다.

69 「지방세법」상 취득세에 관한 설명으로 틀린 것은 몇 개인가?

㉠ 과점주주 집단 내부에서 주식이 이전되었으나 과점주주 집단이 소유한 총주식의 비율에 변동이 없는 경우 간주취득세가 과세된다.
㉡ 권리의 이전이나 행사에 등기 또는 등록이 필요한 부동산을 직계존속과 서로 교환한 경우에는 무상으로 취득한 것으로 본다.
㉢ 토지의 시가표준액은 세목별 납세의무의 성립시기 당시 「부동산 가격공시에 관한 법률」에 따른 개별공시지가가 공시된 경우 개별공시지가로 한다.
㉣ 무주택자인 개인이 유상거래를 원인으로 「지방세법」 제10조에 따른 취득 당시의 가액이 5억원인 주택(「주택법」에 의한 주택으로서 등기부에 주택으로 기재된 주거용 건축물과 그 부속토지로서 고급주택이 아님)을 취득한 경우 취득세 표준세율은 1천분의 10이다.
㉤ 법령이 정하는 고급주택에 해당하는 임시건축물의 취득은 취득세가 비과세된다.

① 1개 ② 2개 ③ 3개
④ 4개 ⑤ 5개

70 「지방세법」상 취득세에 관한 설명으로 틀린 것은?

① 건축(신축·재축 제외)으로 인하여 건축물 면적이 증가할 때에는 그 증가된 부분에 대하여 원시취득으로 보아 해당 세율을 적용한다.
② 상속으로 인한 취득의 경우에는 상속개시일에 취득한 것으로 본다.
③ 토지를 취득한 자가 그 취득한 날부터 1년 이내에 그에 인접한 토지를 취득한 경우 그 전후의 취득에 관한 토지의 취득을 1건의 토지 취득으로 보아 취득세에 대한 면세점을 적용한다.
④ 공사현장사무소 등 임시건축물의 취득에 대하여는 그 존속기간에 관계없이 취득세를 부과하지 아니한다.
⑤ 상속으로 인한 농지취득의 경우 취득세 표준세율은 1천분의 23이다.

71 등록에 대한 등록면허세 납세의무자에 대한 다음 설명 중 틀린 것은?

① 등록에 대한 등록면허세의 납세의무자는 재산권 기타 권리의 취득·이전·변경 또는 소멸에 관한 사항을 공부에 등기 또는 등록(등재를 포함한다)하는 경우에 그 등기 또는 등록을 받는 자이다.
② 설정된 전세권에 대한 말소등기를 하는 경우 등록면허세 납세의무자는 전세권자이다.
③ 근저당권설정의 경우 등록분 등록면허세의 납세의무자는 채권자인 금융기관 등이 되며, 근저당권말소의 경우에는 채무자가 등록분 등록면허세의 납세의무자이다.
④ 채권자대위등기는 채권자가 채무자 소유의 부동산에 대해 채무자를 대신하여 등기를 신청하는 것으로서 신청자는 채권자이나 등기·등록을 받는 자는 채무자이므로 등록면허세 납세의무자는 신청자가 아닌 채무자이다.
⑤ 소유권 이전등기시 등록면허세 납세의무자는 매수자이다.

72 「지방세법」상 등록에 대한 등록면허세의 과세표준에 관한 설명으로 틀린 것은?

① 부동산, 선박, 항공기, 자동차 및 건설기계의 등록에 대한 등록면허세의 과세표준은 등록 당시의 가액으로 한다.
② 등록 당시 신고가 없거나 신고가액이 시가표준액보다 적은 경우에는 시가표준액을 과세표준으로 한다.
③ 등록면허세 신고서상 금액과 공부상 금액이 다를 경우 공부상 금액을 과세표준으로 한다.
④ 등록 당시에 감가상각의 사유로 가액이 달라진 경우 그 가액에 대한 증명여부와 관계없이 변경 전 가액을 과세표준으로 한다.
⑤ 채권금액으로 과세액을 정하는 경우에 일정한 채권금액이 없을 때에는 채권의 목적이 된 것의 가액 또는 처분의 제한의 목적이 된 금액을 그 채권금액으로 본다.

73 「지방세법」상 부동산등기에 대한 등록면허세의 표준세율로서 옳은 것은? (단, 표준세율을 적용하여 산출한 세액이 부동산등기에 대한 그 밖의 등기 또는 등록세율보다 크다고 가정함)

① 매매에 의한 소유권 이전 등기 – 부동산가액의 1천분의 20
② 상속으로 인한 소유권 이전 등기 – 부동산가액의 1천분의 15
③ 소유권의 보존 등기 – 부동산가액의 1천분의 28
④ 저당권 – 채권금액의 1천분의 8
⑤ 전세권 – 전세금액의 1천분의 9

74 「지방세법」상 등록에 대한 등록면허세의 신고 및 납부에 관한 설명 중 틀린 것은 몇 개인가?

> ㉠ 등록을 하려는 자는 과세표준에 세율을 적용하여 산출한 세액을 등록을 하기 전까지 납세지를 관할하는 지방자치단체의 장에게 신고하고 납부하여야 한다.
> ㉡ 등록면허세 과세물건을 등록한 후에 해당 과세물건이 중과세 세율의 적용대상이 되었을 때에는 대통령령으로 정하는 날부터 60일 이내에 중과세 세율을 적용하여 산출한 세액에서 이미 납부한 세액(가산세는 제외한다)을 공제한 금액을 세액으로 하여 납세지를 관할하는 지방자치단체의 장에게 대통령령으로 정하는 바에 따라 신고하고 납부하여야 한다.
> ㉢ 신고의무를 다하지 아니한 경우에도 등록면허세 산출세액을 등록을 하기 전까지 납부하였을 때에는 신고를 하고 납부한 것으로 본다. 이 경우 무신고가산세 및 과소신고가산세를 부과하지 아니한다.
> ㉣ 채권자대위자는 납세의무자를 대위하여 부동산의 등기에 대한 등록면허세를 신고납부할 수 있다. 이 경우 채권자대위자는 행정안전부령으로 정하는 바에 따라 납부확인서를 발급받을 수 있다.
> ㉤ 지방자치단체의 장은 채권자대위자의 부동산의 등기에 대한 등록면허세 신고납부가 있는 경우 납세의무자에게 그 사실을 즉시 통보하여야 한다.

① 0개   ② 1개   ③ 2개
④ 3개   ⑤ 4개

75 「지방세법」상 등록에 대한 등록면허세에 관한 설명으로 틀린 것은?

① 甲이 乙소유 부동산에 관해 전세권설정등기를 하는 경우 등록면허세 납세의무자는 전세권자인 甲이다.
② 전세권 설정등기에 대한 등록면허세의 표준세율은 전세금액의 1천분의 2이다.
③ 부동산 등기에 대한 등록면허세의 납세지는 부동산 소재지이다.
④ 등록을 하려는 자가 법정신고기한까지 등록면허세 산출세액을 신고하지 않은 경우로서 등록 전까지 그 산출세액을 납부한 때에도 「지방세기본법」에 따른 무신고가산세가 부과된다.
⑤ 등기 담당 공무원의 착오로 인한 지번의 오기에 대한 경정 등기에 대해서는 등록면허세를 부과하지 아니한다.

76 「지방세법」상 재산세의 과세대상에 대한 내용 중 틀린 것은 몇 개인가?

> ㉠ 재산세의 과세대상이 되는 토지는 「공간정보의 구축 및 관리 등에 관한 법률」에 따라 지적공부의 등록대상이 되는 토지이다.
> ㉡ 1동(棟)의 건물이 주거와 주거 외의 용도로 사용되고 있는 경우에는 주거용으로 사용되는 부분만을 주택으로 본다.
> ㉢ 주택에 대한 토지와 건물의 소유자가 다를 경우 해당 주택의 토지와 건물의 가액을 합산한 과세표준에 주택의 세율을 적용한다.
> ㉣ 오피스텔은 「건축법」상 일반 업무시설에 해당하므로 일반적으로 건축물로 과세하나, 현황과세의 원칙에 따라 주거용(주민등록, 취학여부, 임대주택 등록 여부 등)으로 사용하는 경우에 한해 주택으로 과세한다.
> ㉤ 건축법 시행령 별표 1의 다가구주택은 1세대가 독립하여 구분사용할 수 있도록 구획된 부분을 1구의 주택으로 본다.

① 1개 ② 2개
③ 3개 ④ 4개
⑤ 5개

77 「지방세법」상 토지에 대한 재산세를 부과함에 있어서 과세대상의 구분(종합합산과세대상, 별도합산과세대상, 분리과세대상)이 잘못된 것은?

① 「도로교통법」에 따라 등록된 자동차운전학원의 자동차운전학원용 토지로서 같은 법에서 정하는 시설을 갖춘 구역 안의 토지 : 별도합산과세대상
② 1990년 5월 31일 이전부터 종중이 소유하고 있는 임야 : 분리과세대상
③ 과세기준일 현재 계속 염전으로 실제 사용하고 있는 토지 : 분리과세대상
④ 「체육시설의 설치·이용에 관한 법률 시행령」에 따른 회원제 골프장이 아닌 골프장용 토지 중 원형이 보전되는 임야 : 분리과세대상
⑤ 일반영업용 건축물로서 건축물의 시가표준액이 해당 부속토지의 시가표준액의 100분의 2에 미달하는 건축물의 부속토지 중 그 건축물의 바닥면적의 토지 : 별도합산과세대상

78 「지방세법」상 토지에 대한 재산세를 부과함에 있어서 과세대상의 구분(종합합산과세대상, 별도합산과세대상, 분리과세대상)이 옳은 것은?

① 회원제 골프장용 토지(회원제 골프장업의 등록시 구분등록의 대상이 되는 토지) : 별도합산과세대상
② 「체육시설의 설치·이용에 관한 법률 시행령」에 따른 회원제 골프장이 아닌 골프장용 토지 중 원형이 보전되는 임야 : 분리과세대상
③ 1990년 1월부터 소유하는 「수도법」에 따른 상수원보호구역의 임야 : 분리과세대상
④ 「도로교통법」에 따라 등록된 자동차운전학원의 자동차운전학원용 토지로서 같은 법에서 정하는 시설을 갖춘 구역 안의 토지 : 분리과세대상
⑤ 「건축법」 등 관계법령에 따라 허가 등을 받아야 할 건축물로서 허가 등을 받지 아니한 건축물의 부속토지 : 별도합산과세대상

79 「지방세법」상 재산세의 과세표준에 관한 설명으로 옳은 것은?

① 토지의 재산세 과세표준은 개별공시지가로 한다.
② 토지에 대한 과세표준은 사실상 취득가격이 증명되는 때에는 장부가액으로 한다.
③ 건축물의 재산세 과세표준은 거래가격 등을 고려하여 시장·군수·구청장이 결정한 가액으로 한다.
④ 건축물의 재산세 과세표준은 법인의 경우 법인장부에 의해 증명되는 가격으로 한다.
⑤ 주택이 아닌 건축물에 대한 과세표준은 건축물 시가표준액에 100분의 70의 공정시장가액비율을 곱하여 산정한다.

80 다음은 지방세법상 재산세의 세율에 관한 설명이다. 옳은 것은?

① 고급주택(1세대 2주택에 해당) : 1천분의 40
② 일반 건축물 : 0.1%~0.4% 4단계 초과누진세율
③ 특별시·광역시(군 지역은 제외한다)·시(읍·면지역은 제외한다) 지역에서 「국토의 계획 및 이용에 관한 법률」과 그 밖의 관계 법령에 따라 지정된 주거지역 및 해당 지방자치단체의 조례로 정하는 지역의 공장용 건축물 : 1천분의 5
④ 회원제 골프장, 고급오락장용 건축물 : 1천분의 50
⑤ 시가표준액이 9억원을 초과하는 1세대 1주택 : 1,000분의 0.5부터 1,000분의 3.5까지의 4단계 초과누진세율

81 지방세법상 재산세 과세대상에 대한 표준세율 적용에 대한 설명으로 틀린 것은?

① 「수도권정비계획법」에 따른 과밀억제권역(「산업집적활성화 및 공장설립에 관한 법률」을 적용받는 산업단지 및 유치지역과 「국토의 계획 및 이용에 관한 법률」을 적용받는 공업지역은 제외한다)에서 공장 신설·증설에 해당하는 경우 그 건축물에 대한 재산세의 세율은 최초의 과세기준일부터 5년간 1천분의 2.5의 100분의 500에 해당하는 세율로 한다.
② 주택을 2명 이상이 공동으로 소유하거나 토지와 건물의 소유자가 다를 경우 해당 주택에 대한 세율을 적용할 때 해당 주택의 토지와 건물의 가액을 합산한 과세표준에 세율을 적용한다.
③ 종합합산과세대상토지에 대하여는 납세의무자가 소유하고 있는 해당 지방자치단체 관할구역에 있는 종합합산과세대상이 되는 토지의 가액을 모두 합한 금액을 과세표준으로 하여 0.2%~0.4%의 3단계 초과누진세율을 적용한다.
④ 분리과세대상이 되는 토지에 대하여는 해당 토지의 가액을 과세표준으로 하여 비례세율을 적용한다.
⑤ 「건축법 시행령」 별표1 제1호 다목에 따른 다가구주택은 1가구가 독립하여 구분사용할 수 있도록 분리된 부분을 1구의 주택으로 본다. 이 경우 그 부속토지는 건물면적의 비율에 따라 각각 나눈 면적을 1구의 부속토지로 본다.

82 「지방세법」상 재산세의 납세의무자에 관한 설명으로 틀린 것은?

① 상가의 건물과 부속토지의 소유자가 다를 경우 그 상가의 건물과 부속토지를 합산한 과세표준에 대한 산출세액을 건축물과 그 부속토지의 시가표준액 비율로 안분계산한 부분에 대하여 그 소유자를 납세의무자로 본다.
② 「신탁법」 제2조에 따른 수탁자의 명의로 등기 또는 등록된 신탁재산의 경우에는 위탁자는 재산세를 납부할 의무가 있다.
③ 국가가 선수금을 받아 조성하는 매매용 토지로서 사실상 조성이 완료된 토지의 사용권을 무상으로 받은 경우 그 사용권을 무상으로 받은 자가 재산세 납세의무자이다.
④ 「도시개발법」에 따라 시행하는 환지(換地) 방식에 의한 도시개발사업 및 「도시 및 주거환경정비법」에 따른 정비사업(재개발사업만 해당한다)의 시행에 따른 환지계획에서 일정한 토지를 환지로 정하지 아니하고 체비지 또는 보류지로 정한 경우에는 사업시행자가 재산세 납세의무자이다.
⑤ 재산세 과세기준일 현재 소유권의 귀속이 분명하지 아니하여 사실상의 소유자를 확인할 수 없는 경우 그 사용자가 재산세를 납부할 의무가 있다.

83 「지방세법」상 재산세의 과세기준일 현재 납세의무자에 관한 설명으로 틀린 것은?

① 공유재산인 경우 그 지분에 해당하는 부분(지분의 표시가 없는 경우에는 지분이 균등한 것으로 봄)에 대해서는 그 지분권자를 납세의무자로 본다.
② 주택의 건물과 부속토지의 소유자가 다를 경우 그 주택에 대한 산출세액을 건축물과 그 부속토지의 시가표준액 비율로 안분계산한 부분에 대하여 그 소유자를 납세의무자로 본다.
③ 상속이 개시된 재산으로서 상속등기가 이행되지 아니하고 사실상의 소유자를 신고하지 아니하였을 때에는 공동상속인 각자가 받았거나 받을 재산에 따라 납부할 의무를 진다.
④ 공부상에 개인 등의 명의로 등재되어 있는 사실상의 종중재산으로서 종중소유임을 신고하지 아니하였을 때에는 공부상 소유자를 납세의무자로 본다.
⑤ 지방자치단체와 재산세 과세대상 재산을 연부로 매매계약을 체결하고 그 재산의 사용권을 무상으로 받은 경우에는 그 매수계약자를 납세의무자로 본다.

84 「지방세법」상 재산세 부과·징수에 관한 설명으로 틀린 것은?
① 해당 연도에 부과할 토지분 재산세액이 20만원 이하인 경우, 조례로 정하는 바에 따라 납기를 7월 16일부터 7월 31일까지로 하여 한꺼번에 부과·징수할 수 있다.
② 재산세를 물납하려는 자는 납부기한 10일 전까지 납세지를 관할하는 시장·군수·구청장에게 물납을 신청하여야 한다.
③ 재산세는 관할지방자치단체의 장이 세액을 산정하여 보통징수의 방법으로 부과·징수한다.
④ 지방자치단체의 장은 재산세 납부세액이 1천만원을 초과하는 경우 납세의무자의 신청을 받아 관할구역에 있는 부동산에 대해서만 법령으로 정하는 바에 따라 물납을 허가할 수 있다.
⑤ 고지서 1장당 재산세로 징수할 세액이 2천원 미만인 경우에는 해당 재산세를 징수하지 아니한다.

85 「지방세법」상 재산세 부과·징수에 관한 설명으로 틀린 것은?
① 토지분 재산세의 납기는 매년 9월 16일부터 9월 30일까지이다.
② 재산세는 관할 지방자치단체의 장이 세액을 산정하여 보통징수의 방법으로 부과·징수한다.
③ 지방자치단체의 장은 재산세의 납부세액이 250만원을 초과하는 경우에는 대통령령으로 정하는 바에 따라 납부할 세액의 일부를 납부기한이 지난 날부터 6개월 이내에 분할납부하게 할 수 있다.
④ 주택에 대한 재산세(해당 연도에 부과할 세액이 20만원을 초과함)의 납기는 해당 연도에 부과·징수할 세액의 2분의 1은 매년 7월 16일부터 7월 31일까지, 나머지 2분의 1은 9월 16일부터 9월 30일까지이다.
⑤ 재산세를 징수하려면 토지, 건축물, 주택, 선박 및 항공기로 구분한 납세고지서에 과세표준과 세액을 적어 늦어도 납기개시 5일 전까지 발급하여야 한다.

86 「지방세법」상 재산세 비과세 대상에 해당하지 않는 것은? (단, 주어진 조건 외에는 고려하지 않음)

① 「도로법」에 따른 도로(같은 법 제2조 제2호에 따른 도로의 부속물 중 도로관리시설, 휴게시설, 주유소, 충전소, 교통·관광안내소 및 도로에 연접하여 설치한 연구시설은 제외한다)와 그 밖에 일반인의 자유로운 통행을 위하여 제공할 목적으로 개설한 사설 도로(다만, 「건축법 시행령」 제80조의2에 따른 대지 안의 공지는 제외)
② 「하천법」에 따른 하천과 「소하천정비법」에 따른 소하천
③ 「공간정보의 구축 및 관리 등에 관한 법률」에 따른 제방(다만, 특정인이 전용하는 제방은 제외)
④ 농업용 및 발전용에 제공하는 댐·저수지·소류지와 자연적으로 형성된 호수·늪
⑤ 「군사기지 및 군사시설 보호법」에 따른 군사기지 및 군사시설 보호구역 중 통제보호구역에 있는 전·답·과수원 및 대지

87 「종합부동산세법」상 종합부동산세의 과세대상인 것은?

① 취득세 중과대상인 고급오락장용 건축물
② 1990년 1월부터 소유하는 「수도법」에 따른 상수원보호구역의 임야
③ 「건축법」 등 관계법령에 따라 허가 등을 받아야 할 건축물로서 허가 등을 받지 아니한 건축물의 부속토지
④ 관계법령에 따른 사회복지사업자가 복지시설이 소비목적으로 사용할 수 있도록 하기 위하여 1990년 5월 1일부터 소유하는 농지
⑤ 공장용 건축물

88 「종합부동산세법」상 주택에 대한 과세에 대한 설명 중 틀린 것은?

① 주택분 과세표준 금액에 대하여 해당 과세대상주택의 주택분 재산세로 부과된 세액(「지방세법」 제111조 제3항에 따라 가감조정된 세율이 적용된 경우에는 그 세율이 적용된 세액을 말한다)은 주택분 종합부동산세액에서 이를 공제한다.
② 개인이 조정대상지역 내 소재하는 A주택과 조정대상지역 외 소재하는 B주택을 소유한 경우 과세표준이 3억원인 경우 1천분의 5의 세율을 적용한다.
③ 주택분 종합부동산세액을 계산할 때 1주택을 여러 사람이 공동으로 매수하여 소유한 경우 공동 소유자 각자가 그 주택을 소유한 것으로 본다.
④ 법인(일반 누진세율이 적용되는 법인 등이 아님)이 2주택 이하를 소유한 경우 종합부동산세 세율은 1천분의 27을 적용한다.
⑤ 법인(일반 누진세율이 적용되는 법인 등이 아님)이 3주택 이상을 소유한 경우 종합부동산세 세부담의 상한은 100분의 300으로 한다.

89 토지에 대한 종합부동산세 과세에 관한 설명 중 틀린 것은?

① 토지에 대한 종합부동산세는 국내에 소재하는 토지에 대하여 「지방세법」 제106조 제1항 제1호에 따른 종합합산과세대상과 같은 법 제106조 제1항 제2호에 따른 별도합산과세대상으로 구분하여 과세한다.

② 과세기준일 현재 토지분 재산세의 납세의무자로서 종합합산과세대상인 경우에는 국내에 소재하는 해당 과세대상토지의 공시가격을 합한 금액이 6억원을 초과하는 자는 해당 토지에 대한 종합부동산세를 납부할 의무가 있다.

③ 과세기준일 현재 토지분 재산세의 납세의무자로서 별도합산과세대상인 경우에는 국내에 소재하는 해당 과세대상토지의 공시가격을 합한 금액이 80억원을 초과하는 자는 해당 토지에 대한 종합부동산세를 납부할 의무가 있다.

④ 종합합산과세대상인 토지의 과세표준 금액에 대하여 해당 과세대상토지의 토지분 재산세로 부과된 세액(「지방세법」 제111조 제3항에 따라 가감조정된 세율이 적용된 경우에는 그 세율이 적용된 세액, 같은법 제122조에 따라 세부담 상한을 적용받은 경우에는 그 상한을 적용받은 세액을 말한다)은 토지분 종합합산세액에서 이를 공제한다.

⑤ 별도합산과세대상인 토지에 대한 종합부동산세의 과세표준은 납세의무자별로 해당 과세대상토지의 공시가격을 합산한 금액에서 80억원을 공제한 금액에 공정시장가액비율을 곱한 금액으로 한다.

90 「종합부동산세법」상 신고·납부 등에 대한 설명 중 틀린 것은?

① 관할세무서장은 납부하여야 할 종합부동산세의 세액을 결정하여 해당 연도 12월 1일부터 12월 15일("납부기간"이라 한다)까지 부과·징수한다.

② 종합부동산세의 과세기준일은 「지방세법」 제114조에 따른 재산세의 과세기준일로 한다.

③ 종합부동산세의 납세의무자가 비거주자인 개인 또는 외국법인으로서 국내사업장이 없고 국내원천소득이 발생하지 아니하는 주택 및 토지를 소유한 경우에는 그 주택 또는 토지의 소재지(주택 또는 토지가 둘 이상인 경우에는 공시가격이 가장 높은 주택 또는 토지의 소재지를 말한다)를 납세지로 정한다.

④ 관할세무서장은 종합부동산세로 납부하여야 할 세액이 150만원을 초과하는 경우에는 대통령령으로 정하는 바에 따라 그 세액의 일부를 납부기한이 지난 날부터 1개월 이내에 분납하게 할 수 있다.

⑤ 관할세무서장 또는 납세지관할지방국세청장은 과세대상 누락, 위법 또는 착오 등으로 인하여 종합부동산세를 새로 부과할 필요가 있거나 이미 부과한 세액을 경정할 경우에는 다시 부과·징수할 수 있다.

91 「종합부동산세법」상 종합부동산세에 관한 설명 중 옳은 것은? (단, 감면 및 비과세와 「지방세특례제한법」 또는 「조세특례제한법」은 고려하지 않음)

① 납세자에게 부정행위가 없으며 특례제척기간에 해당하지 않는 경우 원칙적으로 납세의무 성립일부터 3년이 지나면 종합부동산세를 부과할 수 없다.
② 과세기준일 현재 토지분 재산세의 납세의무자로서 국내에 소재하는 종합합산과세대상 토지의 공시가격을 합한 금액이 3억원을 초과하는 자는 해당 토지에 대한 종합부동산세를 납부할 의무가 있다.
③ 별도합산과세대상인 토지의 재산세로 부과된 세액이 세부담 상한을 적용받는 경우 그 상한을 적용받기 전의 세액을 별도합산과세대상 토지분 종합부동산세액에서 공제한다.
④ 주택에 대한 세부담 상한의 기준이 되는 직전 연도에 해당 주택에 부과된 주택에 대한 총세액상당액은 납세의무자가 해당 연도의 과세표준합산주택을 직전 연도 과세기준일에 실제로 소유하였는지의 여부를 불문하고 직전 연도 과세기준일 현재 소유한 것으로 보아 계산한다.
⑤ 납세의무자는 선택에 따라 신고·납부할 수 있으나, 신고를 함에 있어 납부세액을 과소하게 신고한 경우라도 과소신고가산세가 적용되지 않는다.

92 「지방세기본법」상 특별시세 세목이 아닌 것은?
① 취득세
② 지방소비세
③ 등록면허세
④ 지역자원시설세
⑤ 지방교육세

93 납세의무 성립시기에 대한 설명 중 틀린 것은?
① 수시로 부과하여 징수하는 지방세 : 수시부과할 사유가 발생하는 때
② 등록에 대한 등록면허세 : 재산권과 그 밖의 권리를 등기하거나 등록하는 때
③ 재산세 : 매년 1월 1일
④ 지방교육세 : 그 과세표준이 되는 세목의 납세의무가 성립하는 때
⑤ 특별징수하는 지방소득세 : 과세표준이 되는 소득에 대하여 소득세·법인세를 원천징수하는 때

94 지방세로서 보통징수방법만으로 부과·징수하는 것은?
① 취득세
② 등록면허세
③ 재산세
④ 종합부동산세
⑤ 양도소득세

95 다음은 「지방세기본법」상 납세의무의 확정에 대한 설명이다. 옳지 않은 것은?
① 「납세의무의 확정」이라 함은 지방세의 납부 또는 징수를 위하여 법이 정하는 바에 따라 납부할 지방세액을 납세의무자 또는 지방자치단체의 일정한 행위나 절차를 거쳐서 구체적으로 확정하는 것을 말한다.
② 납세의무의 확정방식은 납세의무의 성립과 동시에 법률상 당연히 확정되는 것(특별징수하는 지방소득세)과 납세의무 성립 후 특별한 절차가 요구되는 것으로서 납세자의 신고에 의하여 확정되는 것(재산세 등) 및 지방자치단체의 결정에 의하여 확정되는 것(취득세 등)이 있다.
③ 납세의무자가 과세표준과 세액을 지방자치단체에 신고·납부하는 지방세는 신고하는 때에 그 세액이 확정된다.
④ 납세의무자가 과세표준과 세액을 지방자치단체에 신고·납부하는 지방세의 과세표준과 세액을 지방자치단체가 결정하는 경우에는 결정하는 때에 그 세액이 확정된다.
⑤ 납세의무자가 과세표준과 세액을 지방자치단체에 신고·납부하는 지방세 외의 지방세는 해당 지방세의 과세표준과 세액을 해당 지방자치단체가 결정하는 때에 그 세액이 확정된다.

96 다음은 「국세기본법」상 납세의무 소멸에 대한 설명이다. 옳지 않은 것은?
① "납부"라 함은 당해 납세의무자는 물론 연대납세의무자, 제2차 납세의무자, 납세보증인, 물적납세의무자 및 기타 이해관계가 있는 제3자 등에 의한 납부를 말한다.
② "충당"이라 함은 국세환급금을 당해 납세의무자가 납부할 국세 및 체납처분비 상당액과 상계시키는 것을 말한다.
③ 납세자에게 부정행위가 없으며 특례제척기간에 해당하지 않는 경우 원칙적으로 납세의무 성립일부터 3년이 지나면 종합부동산세를 부과할 수 없다.
④ 국세의 징수를 목적으로 하는 국가의 권리는 이를 행사할 수 있는 때부터 5억원 이상의 국세는 10년 동안 행사하지 아니하면 소멸시효가 완성된다.
⑤ 부담부증여에 따라 증여세와 함께 소득세가 과세되는 경우 그 소득세는 증여세에 대하여 정한 제척기간과 동일하다.

97 「국세기본법」 및 「지방세기본법」상 조세채권과 일반채권의 관계에 관한 설명으로 틀린 것은?

① 강제집행으로 부동산을 매각할 때 그 매각금액 중에 국세를 징수하는 경우, 강제집행 비용은 국세에 우선한다.
② 과세표준과 세액의 신고에 의하여 납세의무가 확정되는 지방세의 경우 신고한 해당 세액에 대해서는 그 신고일이 법정기일이다.
③ 취득세 신고서를 납세지 관할 지방자치단체장에게 제출한 날 전에 저당권 설정 등기 사실이 증명되는 재산을 매각하여 그 매각대금에서 취득세를 징수하는 경우, 저당권에 따라 담보된 채권은 취득세에 우선한다.
④ 과세표준과 세액을 지방자치단체가 결정·경정 또는 수시부과결정하는 경우에 고지한 해당 세액에 대해서는 납세고지서의 발송일이 법정기일이다.
⑤ 법정기일 전에 전세권 설정이 등기된 재산의 매각에 있어 그 전세권에 의하여 담보된 채권은 그 재산에 대하여 부과된 종합부동산세보다 우선한다.

98 국내 소재 부동산의 보유단계에서 부담할 수 있는 국세는 모두 몇 개인가?

㉠ 재산세
㉡ 농어촌특별세
㉢ 종합부동산세
㉣ 지방교육세
㉤ 개인지방소득세

① 1개　　② 2개　　③ 3개
④ 4개　　⑤ 5개

99 조세의 납부방법으로 물납과 분할납부가 둘 다 가능한 것은 몇 개인가? (단, 물납과 분할납부의 법정 요건은 전부 충족한 것으로 가정함)

> ㉠ 취득세
> ㉡ 등록면허세
> ㉢ 재산세
> ㉣ 재산세 도시지역분
> ㉤ 소방분에 대한 지역자원시설세
> ㉥ 종합부동산세
> ㉦ 부동산임대업에서 발생한 사업소득에 대한 종합소득세
> ㉧ 양도소득세

① 0개　　② 1개　　③ 2개
④ 3개　　⑤ 4개

100 「지방세기본법」및「지방세법」상 용어의 정의, 부과 및 징수, 불복에 관한 설명으로 틀린 것은?

① "납세자"란 납세의무자(연대납세의무자와 제2차 납세의무자 및 보증인 포함)와 특별징수의무자를 말한다.
② 지방세에 관한 불복시 불복청구인은 이의신청을 거치지 않고 심판청구를 제기할 수 있다.
③ 지방세에 관한 불복시 불복청구인은 심판청구를 거치지 않고 행정소송을 제기할 수 없다.
④ 소방분에 대한 지역자원시설세는 분납은 가능하지만 물납은 할 수 없다.
⑤ 거주자인 甲이 乙로부터 부동산을 증여받은 것이라면 그 등기일에 취득세 납세의무가 성립한다.

02 복습문제

01 「소득세법」에 관한 설명이다. 옳지 않은 것은?
① 비사업자가 공익사업과 관련하여 지상권을 양도함으로써 발생하는 소득은 양도소득이다.
② 주거용 건물 임대업에서 발생한 결손금은 종합소득 과세표준을 계산할 때 공제한다.
③ 이축권을 별도로 적법하게 감정평가하여 신고하는 경우 그 이축권을 토지·건물과 함께 양도함으로써 발생하는 소득은 양도소득이다.
④ 비사업자가 지하수개발권을 토지 등과 함께 양도함으로써 발생하는 소득은 기타소득이다.
⑤ 공동으로 소유한 자산에 대한 양도소득금액을 계산하는 경우에는 해당 자산을 공동으로 소유하는 각 거주자가 납세의무를 진다.

02 다음은 「소득세법」에 대한 설명이다. 틀린 것은?
① 주택의 임대로 인하여 얻은 과세대상 소득은 사업소득으로서 해당 거주자의 종합소득금액에 합산된다.
② 양도소득에 대한 과세표준은 종합소득 및 퇴직소득에 대한 과세표준과 구분하여 계산한다.
③ 비주거용 건물 임대업에서 발생한 결손금은 종합소득 과세표준을 계산할 때 공제한다.
④ 거주자는 국내에 있는 토지의 양도로 발생하는 소득에 대하여 양도소득세 납세의무가 있다.
⑤ 거주자가 국내 상가건물을 양도한 경우 거주자의 주소지와 상가건물의 소재지가 다르다면 양도소득세 납세지는 거주자의 주소지이다.

03 「소득세법」상 거주자의 부동산임대업에서 발생하는 소득에 관한 설명으로 옳은 것은?
① 미등기부동산을 임대하고 그 대가로 받는 것은 사업소득이 아니다.
② 지상권을 양도함으로써 발생하는 소득은 사업소득이다.
③ 주택의 임대로 인하여 얻은 과세대상 소득은 사업소득으로서 해당 거주자의 종합소득금액에 합산된다.
④ 자기소유의 부동산을 타인의 담보로 사용하게 하고 그 사용대가로 받는 것은 기타소득이다.
⑤ 공익사업과 관련된 지상권의 대여로 인한 소득은 사업소득이다.

04 「소득세법」상 거주자가 국내소재 부동산 등을 임대하여 발생하는 소득에 관한 설명으로 틀린 것은?

① 임대한 과세기간 종료일 현재 기준시가가 13억원인 1주택(주택부수토지 포함)을 임대하고 지급받은 소득은 사업소득으로 과세된다.
② 거주자의 보유주택 수를 계산함에 있어서 다가구주택은 1개의 주택으로 보되, 구분등기된 경우에는 각각을 1개의 주택으로 계산한다.
③ 甲과 乙이 공동소유 A주택(甲지분율 40%, 乙지분율 60%)을 임대하는 경우, 주택임대소득의 비과세 여부를 판정할 때 甲과 乙이 각각 1주택을 소유한 것으로 보아 주택 수를 계산한다.
④ 부부가 각각 주택을 1채씩 보유한 상태에서 그중 1주택을 임대하고 연간 2,800만원의 임대료를 받았을 경우 주택임대에 따른 과세소득은 있다.
⑤ 해당 과세기간에 분리과세 주택임대소득이 있는 거주자(종합소득과세표준이 없거나 결손금이 있는 거주자 포함)는 그 종합소득과세표준을 그 과세기간의 다음 연도 5월 1일부터 5월 31일까지 신고하여야 한다.

05 「소득세법」상 거주자의 부동산 임대와 관련하여 발생한 소득에 관한 설명으로 틀린 것은?

① 사업자가 부동산을 임대하고 임대료 외에 전기료·수도료 등 공공요금의 명목으로 지급받은 금액이 공공요금의 납부액을 초과할 때 그 초과하는 금액은 사업소득 총수입금액에 산입한다.
② 주택 1채만을 소유한 거주자가 과세기간 종료일 현재 기준시가가 13억원인 해당 주택을 전세금을 받고 임대하여 얻은 소득에 대해서는 소득세가 과세되지 아니한다.
③ 임대보증금의 간주임대료를 계산하는 과정에서 금융수익을 차감할 때 그 금융수익은 수입이자와 할인료, 수입배당금으로 한다.
④ 해당 과세기간의 주거용 건물 임대업을 제외한 부동산임대업에서 발생한 결손금은 그 과세기간의 종합소득과세표준을 계산할 때 공제하지 않는다.
⑤ 공익사업과 관련된 지상권의 대여로 인한 소득은 부동산임대업에서 발생한 소득으로 한다.

06 「소득세법」상 거주자의 부동산과 관련된 사업소득에 관한 설명으로 옳은 것은?

① 국내에 소재하는 논·밭을 작물 생산에 이용하게 함으로써 발생하는 사업소득은 소득세를 과세한다.
② 사업소득에 부동산임대업에서 발생한 소득이 포함되어 있는 사업자는 그 소득별로 구분하여 회계처리하여야 한다.
③ 국외에 소재하는 주택의 임대소득은 주택 수에 관계없이 과세하지 아니한다.
④ 주택을 임대하여 얻은 소득은 거주자가 사업자등록을 한 경우에 한하여 소득세 납세의무가 있다.
⑤ 해당 과세기간에 분리과세 주택임대소득이 있는 거주자(종합소득과세표준이 없거나 결손금이 있는 거주자 포함)는 그 종합소득 과세표준을 그 과세기간의 다음 연도 5월 1일부터 5월 31일까지 신고할 수 있다.

07 다음은 소득세법령 및 판례상 양도에 대한 설명이다. 틀린 것은?

① 양도란 자산에 대한 등기 또는 등록과 관계없이 매도, 교환, 법인에 대한 현물출자 등으로 인하여 그 자산이 유상으로 사실상 이전되는 것을 말한다.
② 이혼시 당사자가 합의한 위자료를 일방이 소유하고 있는 부동산으로 대물변제하는 경우 양도로 본다.
③ A는 토지를 출자하고, B는 자금을 출자하여 공동으로 부동산사업을 시행하는 경우 A의 토지출자는 양도로 본다.
④ 배우자 간의 부담부증여에 있어서 수증자가 인수한 증여자의 채무액은 증여재산가액에서 공제하지 아니하고 증여세가 과세되므로, 항상 양도로 보지 아니한다.
⑤ 「도시개발법」에 따른 도시개발사업 시행자가 공사대금으로 취득한 보류지를 양도하는 경우에는 양도로 본다.

08 다음 중 양도소득세가 과세되는 양도에 해당하지 않는 것은?

㉠ 소유한 임대부동산을 법인에 현물출자하는 경우
㉡ 「도시개발법」이나 그 밖의 법률에 따른 환지처분으로 지목 또는 지번이 변경되거나 보류지(保留地)로 충당되는 경우
㉢ 공동소유의 토지를 공유자 지분 변경없이 2개 이상의 공유토지로 분할한 경우
㉣ 법정요건을 갖춘 양도담보계약에 의하여 소유권을 이전한 후 채무불이행으로 변제에 충당한 경우
㉤ 부동산의 부담부증여에 있어서 수증자가 인수하는 채무액 상당액

① ㉠
② ㉡, ㉢
③ ㉠, ㉣
④ ㉣, ㉤
⑤ ㉤

09 「소득세법」상 양도에 해당하는 것으로 옳은 것은?
① 매매원인 무효의 소에 의하여 그 매매사실이 원인무효로 판시되어 환원될 경우
② 공동소유의 토지를 공유자지분 변경없이 2개 이상의 공유토지로 분할하였다가 공동지분의 변경없이 그 공유토지를 소유지분별로 단순히 재분할하는 경우
③ 배우자의 부동산을 취득한 경우로서 그 취득대가를 지급한 사실을 증명한 경우
④ 법원의 확정판결에 의하여 신탁해지를 원인으로 소유권 이전등기를 하는 경우
⑤ 본인 소유자산을 경매·공매로 인하여 자기가 재취득하는 경우

10 거주자 甲이 아래의 국내 소재 상업용 건물을 특수관계인이 아닌 거주자 乙에게 부담부증여하고 乙이 甲의 해당 피담보채권을 인수한 경우, 양도차익 계산시 상업용 건물의 취득가액은 얼마인가?

> ㉠ 취득당시 실지거래가액 : 100,000,000원
> ㉡ 취득당시 기준시가 : 80,000,000원
> ㉢ 증여일 현재「상속세 및 증여세법」에 따른 평가액(감정가액) : 500,000,000원
> ㉣ 상업용 건물에는 금융회사로부터의 차입금 100,000,000원(채권최고액 : 120,000,000원)에 대한 근저당권이 설정되어 있음
> ㉤ 양도가액은 양도당시「상속세 및 증여세법」에 따른 평가액(감정가액)을 기준으로 계산함

① 16,000,000원
② 18,000,000원
③ 20,000,000원
④ 24,000,000원
⑤ 100,000,000원

11 다음 중 양도소득세가 과세되는 경우는?
① 골프 회원권을 양도담보목적으로 양도하는 경우
② 주권상장법인의 소액주주가 보유하고 있는 당해 법인의 주식을 유가증권시장에서 양도하는 경우
③ 「도시개발법」이나 그 밖의 법률에 따른 환지처분으로 지목 또는 지번이 변경되거나 보류지(保留地)로 충당되는 경우
④ 공유지분의 변경 없이 공동소유의 토지를 소유지분별로 단순히 분할하는 경우
⑤ 조성한 토지의 일부분을 공사비 대가로 지급한 경우

12 다음은 양도소득세가 과세되는 양도에 관한 설명이다. 틀린 것은?

① 적법하게 소유권이 이전된 매매계약이 당사자 간 해제를 원인으로 당초 소유자명의로 환원된 경우 양도에 해당한다.
② 이혼에 따른 위자료에 갈음하여 양도소득세 과세대상이 이전된 경우에 양도에 해당하나, 재산분할에 따라 이전된 경우에는 양도에 해당하지 아니한다.
③ 토지의 경계를 변경하기 위하여 「측량·수로조사 및 지적에 관한 법률」에 따른 토지의 분할 등 대통령령으로 정하는 방법과 절차로 하는 토지 교환의 경우 양도로 보지 아니한다.
④ 본인 소유자산을 경매 등으로 자기가 재취득하는 경우 양도로 본다.
⑤ 명의신탁했던 재산을 법원의 확정판결에 의하여 신탁해지를 원인으로 소유권이전등기를 하는 경우에는 양도소득세가 과세되지 아니한다.

13 양도소득세의 과세대상이 아닌 것은?

① 지상권의 양도로 발생하는 소득
② 지역권의 양도로 발생하는 소득
③ 등기된 부동산임차권의 양도로 발생하는 소득
④ 한국토지주택공사 발행 주택상환사채의 양도로 발생하는 소득
⑤ 가액을 별도로 평가하지 않고 토지·건물과 함께 양도하는 이축권(개발제한구역 내의 건축물을 법에 따른 취락지구 등으로 이축할 수 있는 권리)의 양도로 발생하는 소득

14 다음의 국내자산 중 양도소득세 과세대상으로 옳은 것은?

㉠ 미등기 나대지
㉡ 미등기된 부동산임차권
㉢ 점포임차권
㉣ 미등기 전매한 아파트당첨권
㉤ 전세권
㉥ 특허권
㉦ 회원제 골프회원권
㉧ 지역권

① ㉡, ㉢, ㉦, ㉧
② ㉡, ㉣, ㉤, ㉧
③ ㉠, ㉡, ㉤, ㉦
④ ㉠, ㉣, ㉤, ㉦
⑤ ㉡, ㉢, ㉣, ㉤

15 현행 「소득세법」에서 규정하는 양도 및 취득의 시기에 관하여 틀린 것은?
① 상속에 의하여 취득한 토지는 상속이 개시한 날
② 대금청산 전에 소유권이전등기를 한 토지는 등기부에 기재된 등기접수일
③ 장기할부조건의 경우에는 소유권이전등기접수일·인도일 또는 사용수익일 중 빠른 날
④ 「민법」 제245조 제1항의 규정에 의하여 20년간의 점유로 취득한 토지의 경우에는 당해 토지에 대한 소유권이전등기접수일
⑤ 건축 허가를 받지 아니하고 건축하는 건축물에 있어서는 그 사실상의 사용일

16 소득세법령상 양도차익 계산시 양도 또는 취득의 시기에 대한 설명 중 틀린 것은?
① 증여에 의하여 취득한 토지는 증여를 받은 날이 된다.
② 부동산의 소유권이 타인에게 이전되었다가 법원의 무효판결에 의하여 당해 자산의 소유권이 환원되는 경우 당해 자산의 취득시기는 법원의 확정판결일로 한다.
③ 대금을 청산한 날이 분명하지 아니한 경우에는 등기·등록접수일 또는 명의개서일이다.
④ 대금을 어음으로 받은 경우에는 어음을 받은 날이 아니라 실제로 어음이 결제된 날이 대금청산일이 된다.
⑤ 완성 또는 확정되지 아니한 자산을 양도 또는 취득한 경우로서 해당 자산의 대금을 청산한 날까지 그 목적물이 완성 또는 확정되지 아니한 경우에는 그 목적물이 완성 또는 확정된 날이다.

17 「소득세법」상 국내자산의 양도시 양도소득금액을 감소시킬 수 있는 항목에 해당하지 않는 것은?
① 자산의 취득에 소요된 실지거래가액
② 자산을 양도하기 위하여 직접 지출한 비용
③ 장기보유특별공제
④ 양도소득기본공제
⑤ 기타필요경비

18 다음 중 아파트 분양권을 양도했을 때 양도소득금액의 계산식은?

① 양도가액 − 필요경비 − 장기보유특별공제 − 양도소득기본공제
② 양도차익 − 양도소득기본공제
③ 양도가액 − 필요경비
④ 양도차익 − 장기보유특별공제 − 양도소득기본공제
⑤ 양도가액 − 장기보유특별공제 − 양도소득기본공제 − 필요경비

19 「소득세법」상 거주자가 양도가액과 취득가액을 실지 거래된 금액을 기준으로 양도차익을 산정하는 경우, 양도소득의 필요경비에 해당하지 않는 것은? (단, 지출액은 양도주택과 관련된 것으로 전액 양도자가 부담하고 법령에 따른 증명서류가 수취·보관되어 있음)

① 개발부담금과 수익적지출액
② 취득가액
③ 취득에 관한 쟁송이 있는 자산에 대하여 그 소유권확보를 위하여 직접 소요된 소송비용(다만, 지출한 연도의 각 소득금액 계산상 필요경비에 산입된 것은 제외)
④ 취득시 법령의 규정에 따라 매입한 국민주택채권을 만기 전에 법령이 정하는 금융기관에 양도함으로써 발생하는 매각차손
⑤ 「공인중개사법」에 따른 공인중개사에게 지급한 중개보수

20 「소득세법」상 사업소득이 있는 거주자가 실지거래가액에 의해 부동산의 양도차익을 계산하는 경우 필요경비에 관한 설명으로 틀린 것은?

① 취득에 관한 쟁송이 있는 자산에 대하여 그 소유권 등을 확보하기 위하여 직접 소요된 소송비용(다만, 지출한 연도의 사업소득금액 계산 상 필요경비에 산입된 것은 제외)은 취득가액에 포함한다.
② 당사자 약정에 의한 대금지급방법에 따라 취득원가에 이자상당액을 가산하여 거래가액을 확정한 경우 당해 이자상당액은 취득원가에 포함한다.
③ 양도자산의 보유기간 중에 그 자산의 감가상각비로서 사업소득금액의 계산시에 필요경비로 산입한 금액은 취득가액에서 공제한다.
④ 주택의 취득대금에 충당하기 위한 대출금의 이자지급액은 취득원가에 포함한다.
⑤ 취득가액을 실지거래가액에 의하는 경우 당초 약정에 의한 지급기일의 지연으로 인하여 추가로 발생하는 이자상당액은 취득원가에 포함하지 아니한다.

21 「소득세법」상 거주자의 양도소득세가 과세되는 부동산의 양도가액 또는 취득가액을 추계조사하여 양도소득 과세표준 및 세액을 결정 또는 경정하는 경우에 관한 설명으로 틀린 것은 몇 개인가? (단, 매매사례가액과 감정가액은 특수관계인과의 거래가액이 아님)

> ㉠ 양도 또는 취득당시의 실지거래가액의 확인을 위하여 필요한 장부·매매계약서·영수증 기타 증빙서류가 없거나 그 중요한 부분이 미비된 경우 추계결정 또는 경정의 사유에 해당한다.
> ㉡ 취득당시 실지거래가액을 확인할 수 없는 경우에는 매매사례가액, 환산가액, 감정가액, 기준시가를 순차로 적용하여 산정한 가액을 취득가액으로 한다.
> ㉢ 매매사례가액은 양도일 또는 취득일 전후 각 3개월 이내에 해당 자산과 동일성 또는 유사성이 있는 자산의 매매사례가 있는 경우 그 가액을 말한다.
> ㉣ 감정가액은 해당 자산에 대하여 감정평가기준일이 양도일 또는 취득일 전후 각 3개월 이내이고 둘 이상의 감정평가법인 등이 평가한 것으로서 신빙성이 있는 것으로 인정되는 경우 그 감정가액의 평균액으로 한다(다만, 기준시가가 10억원 이하인 경우에는 하나).
> ㉤ 환산가액은 양도가액을 추계할 경우에는 적용되지만 취득가액을 추계할 경우에는 적용되지 않는다.
> ㉥ 취득가액을 매매사례가액으로 계산하는 경우 취득당시 기준시가에 3/100을 곱한 금액이 필요경비에 포함된다.

① 1개　　② 2개　　③ 3개
④ 4개　　⑤ 5개

22 추계결정에 의한 양도·취득가액과 기타의 필요경비에 대한 설명이다. 틀린 것은?
① 취득당시의 실지거래가액을 확인할 수 없는 경우 취득가액은 매매사례가액, 감정가액 및 환산가액을 적용한다.
② 기준시가 및 실지거래가액을 확인할 수 없어 매매사례가액, 감정가액 및 환산가액에 의하여 양도차익을 계산하는 경우 필요경비는 취득당시의 기준시가에 매입부대비용 등을 감안하여 자산별로 정한 일정한 율에 의하여 계산한 금액(개산공제액)을 필요경비로 공제한다.
③ 매매사례가액과 감정가액을 적용함에 있어 특수관계인과의 거래에 따른 가액 등으로서 객관적으로 부당하다고 인정되는 경우에는 해당 가액을 적용하지 아니한다.
④ 취득가액을 실지거래가액이 아닌 추계결정하는 경우 사업소득금액 계산시 필요경비로 산입한 감가상각비는 취득가액에서 공제하지 않는다.
⑤ 취득가액을 환산가액으로 하는 경우로서 환산가액과 개산공제액의 합계액이 자본적지출액과 양도비용의 합계액보다 적은 경우에는 자본적지출액과 양도비용의 합계액을 필요경비로 할 수 있다.

23 아래 자료에 의하여 양도소득세 부담을 최소화하기 위한 양도차익은?

> ㉠ 취득당시 실지거래가액 : 알 수 없음
> ㉡ 양도당시 실지거래가액 : 500,000,000원
> ㉢ 취득당시 기준시가 : 150,000,000원
> ㉣ 양도당시 기준시가 : 400,000,000원
> ㉤ 자본적 지출액 : 200,000,000원
> ㉥ 등기된 자산으로 취득 후 2년 이후 양도에 해당함
> ㉦ 매매사례가액 및 감정가액은 없는 것으로 가정함

① 240,000,000원
② 244,000,000원
③ 302,500,000원
④ 308,000,000원
⑤ 300,000,000원

24 「소득세법」상 양도차익계산에 관한 설명으로 틀린 것은? (단, 특수관계인과의 거래가 아님)

① 취득가액을 실지거래가액에 의하는 경우 당초 약정에 의한 지급기일의 지연으로 인하여 추가로 발생하는 이자상당액은 취득원가에 포함하지 아니한다.
② 실지거래가액에 의해 양도차익을 계산하는 경우 양도자산의 취득 후 쟁송이 있는 경우 그 소유권을 확보하기 위하여 직접 소요된 소송비용으로서 그 지출한 연도의 각 사업소득금액 계산시 필요경비에 산입된 금액은 자본적 지출액에 포함되지 않는다.
③ 취득당시 실지거래가액을 확인할 수 없는 경우에는 매매사례가액, 환산가액, 감정가액, 기준시가를 순차로 적용하여 산정한 가액을 취득가액으로 한다.
④ 취득가액을 매매사례가액으로 계산하는 경우 취득당시 기준시가에 3/100을 곱한 금액이 필요경비에 포함된다.
⑤ 취득가액을 환산가액으로 하는 경우 세부담의 최소화를 위하여 환산가액과 필요경비개산공제액의 합계액이 자본적지출액과 양도비용의 합계액보다 적은 경우에는 자본적지출액과 양도비용의 합계액을 필요경비로 할 수 있다.

25 「소득세법」상 장기보유특별공제에 관한 설명으로 틀린 것은?

① 장기보유특별공제액은 양도차익에 공제율을 곱하여 계산한다.
② 거주자 갑이 비과세요건을 충족한 1세대 1주택(보유기간 5년 6개월, 거주기간 1년 6개월)을 25억원에 양도한 경우 장기보유특별공제율은 20%이다.
③ 「소득세법」 제104조 제3항에 따른 미등기 양도자산에 대하여는 장기보유특별공제를 적용하지 아니한다.
④ 「소득세법」 제97조의2 제1항에 따라 이월과세를 적용받는 경우 장기보유특별공제의 보유기간은 증여자가 해당 자산을 취득한 날부터 기산한다.
⑤ 특수관계인에게 증여한 자산에 대해 증여자인 거주자에게 양도소득세가 과세되는 경우 장기보유특별공제의 보유기간은 증여자가 해당 자산을 취득한 날부터 기산한다.

26 「소득세법」상 장기보유특별공제에 관한 설명으로 틀린 것은? (다만, 양도자산은 비과세되지 아니함)

① 장기보유특별공제는 보유기간 동안의 명목소득에 대한 세부담 경감과 과중한 세부담으로 인한 부동산 시장의 동결효과를 방지하는데 그 의의가 있다.
② 「소득세법」 제104조 제3항에 따른 미등기 양도자산에 대하여는 장기보유특별공제를 적용하지 아니한다.
③ 장기보유특별공제는 취득가액에 공제율을 곱하여 구하는 금액으로 한다.
④ 양도소득금액은 양도차익에서 장기보유특별공제를 공제한 금액으로 한다.
⑤ 법원의 결정에 의하여 양도당시 취득에 관한 등기가 불가능한 부동산은 미등기양도에서 제외되어 장기보유특별공제를 적용받을 수 있다.

27 다음은 「소득세법」상 양도소득기본공제에 대한 설명이다. 틀린 것은?

① 종중을 1거주자로 보는 경우 양도소득기본공제는 연 1회 250만원을 적용하며 비거주자의 경우에는 양도소득기본공제를 적용하지 않는다.
② 과세소득과 감면소득이 있는 경우 양도소득기본공제는 과세소득금액에서 먼저 공제하고, 미공제분은 감면소득금액에서 공제한다.
③ 양도소득기본공제는 그룹별로 각각 연 250만원을 공제하며, 같은 그룹의 자산을 연중 2회 이상 양도하였을 경우에는 먼저 양도한 자산의 양도소득금액에서부터 공제한다.
④ 미등기양도자산인 경우에도 「소득세법 시행령」의 규정에 따라 미등기양도자산에서 제외되는 것은 양도소득기본공제가 가능하다.
⑤ 2 이상의 토지를 동시에 양도한 경우 납세자의 선택에 따라 양도소득기본공제액의 차감 순서를 지정할 수 있다.

28 다음은 양도소득세에 있어서 양도소득금액의 계산에 관한 설명이다. 틀린 것은?

① 국내 토지의 양도로 발생한 양도차손은 동일한 과세기간에 국내 전세권의 양도로 발생한 양도소득금액에서 공제할 수 있다.
② 양도소득금액을 계산할 때 국내 부동산을 취득할 수 있는 권리에서 발생한 양도차손은 국내 토지에서 발생한 양도소득금액에서 공제할 수 있다.
③ 국내 부동산에 관한 권리의 양도로 발생한 양도차손은 국내 토지의 양도에서 발생한 양도소득금액에서 공제할 수 있다.
④ 국내 자산의 소득별로 소득금액을 계산할 때 양도차손이 발생한 자산이 있는 경우에는 양도차손이 발생한 자산과 같은 세율을 적용받는 자산의 양도소득금액에서 그 양도차손을 공제한다.
⑤ 국외 부동산을 양도하여 발생한 양도차손은 동일한 과세기간에 국내 부동산을 양도하여 발생한 양도소득금액에서 통산할 수 있다.

29 「소득세법」상 등기된 국내 부동산에 대한 양도소득 과세표준의 세율 중 가장 높은 것은?

① 1년 6개월 보유한 1주택(과세표준이 1천만원인 경우)
② 2년 1개월 보유한 상가건물(과세표준이 1천 4백만원인 경우)
③ 6개월 보유한 1주택(과세표준이 1천만원인 경우)
④ 10개월 보유한 상가건물(과세표준이 1천만원인 경우)
⑤ 1년 8개월 보유한 상가건물(과세표준이 1천만원인 경우)

30 다음은 양도소득세의 세율에 관한 내용이다. 틀린 것은?

① 하나의 자산이 둘 이상의 세율에 해당할 때에는 해당 세율을 적용하여 계산한 양도소득 산출세액 중 큰 것을 그 세액으로 한다.
② 세율 적용시 보유기간은 해당 자산의 취득일부터 양도일까지로 한다. 다만, 상속받은 자산은 피상속인이 그 자산을 취득한 날을 그 자산의 취득일로 본다.
③ 해당 과세기간에 자산을 둘 이상 양도하는 경우 양도소득 산출세액은 해당 과세기간의 양도소득과세표준 합계액에 대하여 기본세율을 적용하여 계산한 양도소득 산출세액과 자산별 양도소득 산출세액 합계액 중 큰 것으로 한다.
④ 같은 날짜에 주택을 취득하고 양도한 경우 또는 같은 날짜에 주택을 증여하고 양도한 경우의 주택의 취득 및 양도(증여 포함) 순서는 거주자가 선택하는 순서에 따라 판단한다.
⑤ 6개월 보유한 골프 회원권을 양도한 경우와 6개월 보유한 등기된 1세대 1주택인 아파트를 양도한 경우의 양도소득세 세율은 동일하다.

31 「소득세법」상 미등기양도자산에 관한 설명으로 틀린 것은?

① 건설사업자가 「도시개발법」에 따라 공사용역 대가로 취득한 체비지를 토지구획환지처분공고 전에 양도하는 토지는 미등기양도자산에 해당하지 않는다.
② 미등기양도자산인 경우 양도차익이 양도소득 과세표준이 된다.
③ 법률의 규정 또는 법원의 결정에 의하여 양도당시 그 자산의 취득에 관한 등기가 불가능한 자산은 미등기양도자산에 해당하지 않는다.
④ 미등기로 자산을 양도한 경우 필요경비개산공제를 적용한다.
⑤ 미등기양도자산에 대하여는 양도소득세 산출세액에 70%의 세율을 적용하여 양도소득세를 산출한다.

32 甲이 등기된 국내소재 공장(건물)을 양도한 경우, 양도소득 과세표준 예정신고에 관한 설명으로 옳은 것은? (단, 甲은 소득세법상 부동산매매업을 영위하지 않는 거주자이며 국세기본법상 기한연장 사유는 없음)

① 2025년 3월 31일에 양도한 경우, 예정신고납부기한은 2025년 5월 31일이다.
② 예정신고 기간은 양도일이 속한 연도의 다음 연도 5월 1일부터 5월 31일까지이다.
③ 양도차손이 발생한 경우 예정신고할 의무는 없다.
④ 예정신고시 예정신고납부세액공제(산출세액의 10%)가 적용된다.
⑤ 예정신고를 하지 않은 경우 확정신고를 하면, 예정신고에 대한 가산세는 부과되지 아니한다.

33 다음은 양도소득세의 신고 및 납부에 관련된 설명이다. 틀린 것은?

① 소득세법상 거주자인 개인이 국내소재 부동산을 2025년 10월 24일 양도한 경우 양도소득과세표준 예정신고납부기한은 2025년 12월 31일이고 관할관청은 양도인의 주소지 관할 세무서장으로 한다.
② 양도차익이 없거나 양도차손이 발생한 경우에도 양도소득과세표준 예정신고를 하여야 한다.
③ 복식부기의무자가 아닌 거주자가 매매계약서의 조작을 통하여 양도소득세 과세표준을 과소신고한 경우에는 부정행위로 인한 과소신고납부세액등의 100분의 40(국제거래에서 발생한 부정행위로 과소신고한 경우에는 100분의 60)에 상당하는 금액을 가산세로 한다.
④ 거주자가 건물을 신축 또는 증축(증축의 경우 바닥면적 합계가 85제곱미터를 초과하는 경우에 한정한다)하고 그 건물의 취득일 또는 증축일부터 5년 이내에 해당 건물을 양도하는 경우로서 감정가액 또는 환산취득가액을 그 취득가액으로 하는 경우에는 해당 건물의 감정가액(증축의 경우 증축한 부분에 한정한다) 또는 환산취득가액(증축의 경우 증축한 부분에 한정한다)의 100분의 3에 해당하는 금액을 양도소득 결정세액에 더한다.
⑤ 예정신고납부시 납부할 세액이 1천 8백만원인 경우 8백만원을 납부기한이 지난 후 2개월 이내에 분납할 수 있다.

34 소득세법령상 양도소득과세표준 예정신고 및 결정·경정에 관한 설명으로 옳지 않은 것은?

① 건물을 양도(부담부증여 아님)한 경우에는 그 양도일이 속하는 달의 말일부터 2개월 내에 예정신고를 하여야 한다.
② 법령상의 토지거래계약에 관한 허가구역에 있는 토지를 양도할 때 토지거래계약허가(허가를 받은 후 허가구역 지정이 해제됨)를 받기 전에 대금을 청산한 경우에는 그 허가일이 속하는 달의 말일부터 2개월 내에 예정신고를 하여야 한다.
③ 해당 과세기간에 누진세율의 적용대상 자산에 대한 예정신고를 2회 이상 하는 경우에는 이미 신고한 양도소득금액과 합산하여 신고하여야 한다.
④ 납세지 관할 세무서장 또는 지방국세청장은 예정신고를 하여야 할 자가 그 신고를 하지 아니한 경우에는 해당 거주자의 양도소득과세표준과 세액을 결정한다.
⑤ 건물을 부담부증여하는 경우 부담부증여의 채무액에 해당하는 부분으로서 양도로 보는 경우에는 그 양도일이 속하는 달의 말일부터 3개월 내에 예정신고를 하여야 한다.

35 「소득세법」상 국외자산 양도에 관한 설명으로 틀린 것은?

① 「소득세법」상 국외자산의 양도에 대한 양도소득세 과세에 있어서 국내자산의 양도에 대한 양도소득세 규정 중 기준시가의 산정은 준용하지 않는다.
② 장기보유특별공제는 국외자산의 보유기간이 3년 이상인 경우에만 적용된다.
③ 양도차익 계산시 필요경비의 외화환산은 지출일 현재 「외국환거래법」에 의한 기준환율 또는 재정환율에 의한다.
④ 미등기 국외토지에 대한 양도소득세율은 6%~45%이다.
⑤ 국외주택 양도소득에 대하여 납부하였거나 납부할 국외주택 양도소득세액은 해당 과세기간의 국외주택 양도소득금액 계산상 필요경비에 산입할 수 있다.

36 「소득세법」상 농지교환으로 인한 양도소득세와 관련하여 (   )에 들어갈 내용으로 옳은 것은?

> - 「국토의 계획 및 이용에 관한 법률」에 따른 주거지역·상업지역·공업지역 외에 있는 농지(환지예정지 아님)를 경작상 필요에 의하여 교환함으로써 발생한 소득은 쌍방 토지가액의 차액이 가액이 큰 편의 (㉠) 이하이고 새로이 취득한 농지를 (㉡) 이상 농지소재지에 거주하면서 경작하는 경우 비과세한다.
> - 「국토의 계획 및 이용에 관한 법률」에 따른 개발제한구역에 있는 농지는 (㉢)에 해당하지 아니한다(단, 소유기간 중 개발제한구역 지정·변경은 없음).

	㉠	㉡	㉢
①	4분의 1	3년	비사업용 토지
②	4분의 1	3년	사업용 토지
③	4분의 1	5년	비사업용 토지
④	4분의 1	5년	사업용 토지
⑤	3분의 1	3년	사업용 토지

37 1세대 1주택 비과세요건을 충족하는 거주자 甲이 다음과 같은 건물(수도권 내 녹지지역에 소재)을 취득한 후 7억원에 양도하였을 경우 양도소득세의 비과세 범위로 옳은 것은?

> ㉠ 대지면적: 2,400m²
> ㉡ 건물 연면적: 400m²
> ㉢ 주거용으로 사용되는 건물면적: 300m²
> ㉣ 상업용으로 사용되는 건물면적: 100m²

① 대지 2,000m², 건물 400m²   ② 대지 1,800m², 건물 400m²
③ 대지 2,000m², 건물 300m²   ④ 대지 1,800m², 건물 100m²
⑤ 모두 비과세된다.

38 다음의 사례에서 양도소득세가 과세되는 양도차익은?

> ㉠ 양도물건: 1세대 1주택(1년 6개월 보유)
> ㉡ 양도당시 실지거래가액: 20억원
> ㉢ 양도차익: 5억원

① 비과세   ② 4천만원   ③ 1억원   ④ 2억원   ⑤ 5억원

39 「소득세법」상 1세대 1주택(고가주택 제외) 비과세규정에 관한 설명으로 틀린 것은? (단, 거주자의 국내주택을 가정)

① 1세대 1주택 비과세규정을 적용하는 경우 부부가 각각 세대를 달리 구성하는 경우에도 동일한 세대로 본다.
② 국내에 주택 1채와 토지를, 국외에 1채의 주택을 소유하고 있는 거주자 甲이 2025년 중 국내주택을 먼저 양도하는 경우 2년 이상 보유한 경우라도 1세대 2주택에 해당하므로 양도소득세가 과세된다.
③ 1세대 1주택에 대한 비과세 규정을 적용함에 있어 하나의 건물이 주택과 주택 외의 부분으로 복합되어 있는 경우 주택의 연면적이 주택 외의 연면적보다 클 때에는 그 전부를 주택으로 본다.
④ 1주택을 보유하는 자가 1주택을 보유하는 자와 혼인함으로써 1세대가 2주택을 보유하게 되는 경우 혼인한 날부터 10년 이내에 먼저 양도하는 주택(보유기간 및 거주기간 4년)은 비과세한다.
⑤ 「해외이주법」에 따른 해외이주로 세대전원이 출국하는 경우 출국일 현재 1주택을 보유하고 있고 출국일부터 2년 이내에 당해 주택을 양도하는 경우 보유기간 및 거주기간 요건을 충족하지 않더라도 비과세한다.

40 「소득세법」상 거주자 甲이 2019년 1월 20일에 취득한 건물(취득가액 3억원)을 甲의 배우자 乙에게 2023년 3월 5일자로 증여(해당 건물의 시가 8억원)한 후, 乙이 2025년 5월 20일에 해당 건물을 甲·乙의 특수관계인이 아닌 丙에게 10억원에 매도하였다. 해당 건물의 양도소득세에 관한 설명으로 틀린 것은? (단, 취득·증여·매도의 모든 단계에서 등기를 마침)

① 양도소득세 납세의무자는 乙이다.
② 양도소득금액 계산시 장기보유특별공제가 적용된다.
③ 양도차익 계산시 양도가액에서 공제할 취득가액은 3억원이다.
④ 乙이 납부한 증여세는 양도소득세 납부세액 계산시 필요경비에 산입한다.
⑤ 양도소득세에 대해 甲과 乙이 연대하여 납세의무를 진다.

41 다음은 「소득세법」 제97조의2 [양도소득의 필요경비 계산 특례]에 대한 내용이다. 틀린 것은? (단, 2023년 1월 1일 이후 증여받은 것으로 가정함)
① 거주자가 양도일부터 소급하여 10년 이내에 그 배우자 또는 직계존비속으로부터 증여받은 토지·건물이나 부동산을 취득할 수 있는 권리·특정시설물이용권의 양도차익을 계산할 때 양도가액에서 공제할 취득가액은 그 배우자 또는 직계존비속의 취득 당시 금액으로 한다.
② 양도 당시 혼인관계가 소멸된 경우를 포함하되, 사망으로 혼인관계가 소멸된 경우는 제외한다.
③ 이월과세를 적용하여 계산한 양도소득결정세액이 이월과세를 적용하지 않고 계산한 양도소득결정세액보다 적은 경우 이월과세를 적용하지 아니한다.
④ 거주자가 증여받은 자산에 대하여 납부하였거나 납부할 증여세 상당액이 있는 경우에는 필요경비에 산입한다.
⑤ 장기보유특별공제 보유기간 적용시 증여를 받은 날부터 기산(起算)한다.

42 甲이 2025년 3월 5일에 특수관계인 乙로부터 토지를 3억 1천만원(시가 3억원)에 취득한 경우 양도차익 계산시 취득가액은 얼마인가? (다만, 甲·乙은 거주자이고, 배우자 및 직계존비속 관계가 없음)
① 285,000,000원
② 300,000,000원
③ 310,000,000원
④ 315,000,000원
⑤ 320,000,000원

43 다음은 「소득세법」 제101조 [양도소득의 부당행위계산] 중 우회양도부인에 대한 설명이다. 틀린 것은?

① 거주자가 특수관계인(제97조의2 제1항을 적용받는 배우자 및 직계존비속의 경우는 제외한다)에게 자산을 증여한 후 그 자산을 증여받은 자가 그 증여일부터 10년 이내에 다시 타인에게 양도한 경우로서 증여받은 자의 증여세와 양도소득세를 합한 세액이 증여자가 직접 양도하는 경우로 보아 계산한 양도소득세보다 적은 경우에는 증여자가 그 자산을 직접 양도한 것으로 본다.
② 10년 이내 양도한 자산의 양도소득이 해당 수증자에게 실질적으로 귀속된 경우에는 부당행위계산부인대상에서 제외한다.
③ 양도차익 계산시 취득가액은 증여자의 취득 당시를 기준으로 한다.
④ 증여자에게 양도소득세가 과세되는 경우에는 당초 증여받은 자산에 대해서는 「상속세 및 증여세법」의 규정에도 불구하고 증여세를 부과하지 아니한다.
⑤ 증여자가 부담하여야 할 양도소득세가 증여받은 자가 부담하여야 할 증여세와 양도소득세의 합계액보다 많아 부당행위계산 규정을 적용할 때 증여자의 다른 자산에서 발생한 양도차손이 있는 경우에는 이를 해당 자산에서 발생한 양도차익과 통산하지 아니한다.

44 「소득세법」상 거주자의 양도소득세에 관한 설명으로 틀린 것은? (단, 국내소재 부동산을 양도한 경우임)

① 1세대 2주택을 3년 이상 보유한 자가 등기된 주택(조정대상지역이 아님)을 양도한 경우 장기보유특별공제를 적용받을 수 있다.
② 100분의 70의 양도소득세 세율이 적용되는 미등기 양도자산에 대해서는 양도소득과세표준 계산시 양도소득기본공제는 적용되지 않는다.
③ 2025년에 양도한 토지에서 발생한 양도차손은 5년 이내에 양도하는 토지의 양도소득금액에서 이월하여 공제받을 수 있다.
④ 1세대 1주택에 대한 비과세 규정을 적용함에 있어 하나의 건물이 주택과 주택 외의 부분으로 복합되어 있는 경우 주택의 연면적이 주택 외의 연면적보다 클 때에는 그 전부를 주택으로 본다.
⑤ 거주자 甲의 부동산양도에 따른 소득세의 납세지는 甲의 주소지를 원칙으로 한다.

45 「소득세법」상 거주자의 양도소득세와 「지방세법」상 거주자의 국내자산 양도소득에 대한 지방소득세에 관한 설명으로 틀린 것은?

① 「소득세법」 제97조의2 제1항에 따라 이월과세를 적용받는 경우 장기보유특별공제의 보유기간은 증여자가 해당 자산을 취득한 날부터 기산한다.
② 같은 해에 여러 개의 자산(모두 등기됨)을 양도한 경우 양도소득기본공제는 해당 과세기간에 먼저 양도한 자산의 양도소득금액에서부터 순서대로 공제한다. 단, 감면소득금액은 없다.
③ 양도소득에 대한 개인지방소득세 과세표준은 종합소득 및 퇴직소득에 대한 개인지방소득세 과세표준과 구분하여 계산한다.
④ 양도소득에 대한 개인지방소득세 과세표준은 「소득세법」상 양도소득과세표준으로 하는 것이 원칙이다.
⑤ 「소득세법」상 보유기간이 8개월인 조합원입주권의 양도소득에 대한 개인지방소득세 세율은 양도소득에 대한 개인지방소득세 과세표준의 1백분의 70을 적용한다.

46 「소득세법」상 거주자의 양도소득세에 관한 설명으로 옳은 것은 몇 개인가? (단, 국내소재 부동산의 양도임)

> ㉠ 1세대 1주택 비과세 요건을 충족하는 고가주택의 양도가액이 15억원이고 양도차익이 5억원인 경우 양도소득세가 과세되는 양도차익은 1억원이다.
> ㉡ 양도소득금액을 계산할 때 부동산을 취득할 수 있는 권리에서 발생한 양도차손은 토지에서 발생한 양도소득금액에서 공제할 수 없다.
> ㉢ 「소득세법」 제97조의2 제1항에 따라 이월과세를 적용받는 경우 장기보유특별공제의 보유기간은 증여자가 해당 자산을 취득한 날부터 기산한다.
> ㉣ 상업용 건물에 대한 새로운 기준시가가 고시되기 전에 취득 또는 양도하는 경우에는 직전의 기준시가에 의한다.
> ㉤ 거주자 甲이 국내소재 1세대 1주택을 4년 6개월 보유·거주한 후 15억원에 양도한 경우 양도차익은 28,950,000원이다(취득가액은 확인 불가능하고 양도당시 기준시가는 5억원, 취득당시 기준시가는 3억 5천만원이며 주어진 자료 외는 고려하지 않는다).

① 0개　　　　② 1개　　　　③ 2개
④ 3개　　　　⑤ 4개

47 「소득세법」상 거주자의 양도소득세에 관한 설명으로 옳은 것은 몇 개인가? (단, 국내소재 부동산의 양도임)

㉠ 부동산을 취득할 수 있는 권리에 대한 기준시가는 양도자산의 종류를 고려하여 취득일 또는 양도일까지 납입한 금액으로 한다.
㉡ 거주자 甲이 2019년 1월 20일에 취득한 건물을 甲의 배우자 乙에게 2023년 3월 5일자로 증여한 후, 乙이 2025년 10월 28일에 甲·乙의 특수관계인이 아닌 丙에게 양도한 경우 乙이 납부한 증여세는 양도소득세 납부세액 계산시 세액공제된다.
㉢ 특수관계인 간의 거래가 아닌 경우로서 취득가액인 실지거래가액을 인정 또는 확인할 수 없어 그 가액을 추계결정 또는 경정하는 경우에는 매매사례가액, 감정가액, 기준시가의 순서에 따라 적용한 가액에 의한다.
㉣ 양도차익을 실지거래가액에 의하는 경우 양도가액에서 공제할 취득가액은 그 자산에 대한 감가상각비로서 각 과세기간의 사업소득금액을 계산하는 경우 필요경비에 산입한 금액이 있을 때에는 이를 공제하지 않은 금액으로 한다.
㉤ 2018년 4월 1일 이후 지출한 자본적지출액은 그 지출에 관한 증명서류를 수취·보관하지 않고 실제 지출사실이 금융거래 증명서류에 의하여 확인되지 않는 경우에도 양도차익 계산시 양도가액에서 공제할 수 있다.

① 0개　　② 1개　　③ 2개
④ 3개　　⑤ 4개

48 「소득세법」상 거주자의 국내자산 양도소득세 계산에 관한 설명으로 옳은 것은?
① A법인과 특수관계에 있는 주주가 시가 3억원(「법인세법」 제52조에 따른 시가임)의 토지를 A법인에게 5억원에 양도한 경우 양도가액은 5억원으로 본다. 단, A법인은 이 거래에 대하여 세법에 따른 처리를 적절하게 하였다.
② 국세청장이 지정하는 지역에 있는 오피스텔의 기준시가는 토지에 대하여는 개별공시지가로 하고 건물에 대하여는 신축가격, 구조, 용도, 위치, 신축연도 등을 고려하여 매년 1회 이상 국세청장이 산정·고시하는 가액으로 한다.
③ 「국토의 계획 및 이용에 관한 법률」에 따른 개발제한구역에 있는 농지는 비사업용 토지에 해당한다(단, 소유기간 중 개발제한구역 지정·변경은 없음).
④ 이월과세를 적용하여 계산한 양도소득결정세액이 이월과세를 적용하지 않고 계산한 양도소득소득결정세액보다 적은 경우에 이월과세를 적용한다.
⑤ 취득원가에 현재가치할인차금이 포함된 양도자산의 보유기간 중 사업소득금액 계산시 필요경비로 산입한 현재가치할인차금 상각액은 양도차익을 계산할 때 취득가액에서 공제한다.

49 「소득세법」상 거주자의 양도소득세에 관한 설명으로 옳은 것은 몇 개인가?

㉠ 이미 납부한 확정신고세액이 관할세무서장이 결정한 양도소득 총결정세액을 초과할 때에는 해당 결정일부터 90일 이내에 환급해야 한다.
㉡ 과세기간별로 이미 납부한 확정신고세액이 관할세무서장이 결정한 양도소득 총결정세액을 초과한 경우 다른 국세에 충당할 수 없다.
㉢ 거주자가 특수관계인과의 거래(시가와 거래가액의 차액이 5억원임)에 있어서 토지를 시가에 미달하게 양도함으로써 조세의 부담을 부당히 감소시킨 것으로 인정되는 때에는 그 양도가액을 시가에 의하여 계산한다.
㉣ 부동산에 관한 권리의 양도로 발생한 양도차손은 토지의 양도에서 발생한 양도소득금액에서 공제할 수 없다.
㉤ 이월과세를 적용하여 계산한 양도소득결정세액이 이월과세를 적용하지 않고 계산한 양도소득결정세액보다 적은 경우에 이월과세를 적용한다.

① 1개　　② 2개　　③ 3개
④ 4개　　⑤ 5개

50 소득세법령상 양도소득에 관한 설명으로 옳은 것은?
① 「도시개발법」에 따른 환지처분으로 지목이 변경되는 경우는 양도로 본다.
② 국가가 시행하는 사업으로 인하여 교환하는 농지로서 교환하는 쌍방 토지가액의 차액이 가액이 큰 편의 5분의 1인 농지의 교환으로 발생하는 소득은 양도소득세가 비과세된다.
③ 파산선고에 의한 처분으로 발생하는 소득은 양도소득세가 과세된다.
④ 취득에 관한 쟁송이 있는 자산에 대하여 그 소유권을 확보하기 위하여 직접 소요된 소송비용으로서 그 지출한 연도의 각 종합소득금액의 계산에 있어서 필요경비에 산입된 것은 양도차익 계산시 공제된다.
⑤ 양도소득세 과세대상인 신탁 수익권을 양도한 경우 양도일이 속하는 반기의 말일부터 2개월 이내에 양도소득과세표준을 신고해야 한다.

51 취득세가 과세되는 경우를 설명한 것 중 틀린 것은?
① 무허가 건물을 신축하는 경우
② 증여에 의하여 차량을 취득한 경우
③ 상속에 의하여 임야를 취득한 경우
④ 매매에 의하여 골프 회원권을 취득한 경우
⑤ 국가, 지방자치단체 또는 지방자치단체조합에 귀속 또는 기부채납을 조건으로 취득하는 부동산

52 「지방세법」상 부동산의 유상취득으로 보지 않는 것은?
① 공매를 통하여 배우자의 부동산을 취득한 경우
② 파산선고로 인하여 처분되는 직계비속의 부동산을 취득한 경우
③ 배우자의 부동산을 취득한 경우로서 그 취득대가를 지급한 사실을 증명한 경우
④ 권리의 이전이나 행사에 등기가 필요한 부동산을 직계존속과 서로 교환한 경우
⑤ 증여자의 채무를 인수하는 부담부증여로 취득한 경우로서 그 채무액에 상당하는 부분을 제외한 나머지 부분의 경우

53 다음 중 취득세가 부과되지 않는 경우는?
① 토지에 대한 증여의 계약은 있었으나 아직 소유권이전등기를 하지 않은 경우
② 차량을 사실상 취득하였지만 등록을 하지 않은 경우
③ 공유수면의 매립·간척에 의한 농지 외의 토지를 조성한 경우
④ 주문을 받아 건조하는 선박의 경우
⑤ 토지의 지목이 임야에서 대지로 변경되어 그 가액이 증가한 경우

54 「지방세법」상 과점주주의 간주취득세에 대한 설명 중 틀린 것은 몇 개인가? (단, 주식발행법인은 「자본시장과 금융투자업에 관한 법률 시행령」 제176조의9 제1항에 따른 유가증권시장에 상장한 법인이 아니며, 「지방세특례제한법」은 고려하지 않음)

> ⊙ 법인설립시 발행하는 주식을 취득함으로써 「지방세기본법」에 따른 과점주주가 되었을 때에는 그 과점주주가 해당 법인의 부동산 등을 취득한 것으로 본다.
> ⓒ 과점주주가 취득한 것으로 보는 해당 법인의 부동산 등의 취득당시가액은 해당 법인의 결산서와 그 밖의 장부 등에 따른 부동산 등의 총가액을 그 법인의 주식 또는 출자의 총수로 나눈 가액에 과점주주가 취득한 주식 또는 출자의 수를 곱한 금액으로 한다.
> ⓒ 법인 설립 후 유상증자시에 주식을 취득하여 최초로 과점주주가 된 경우 취득세 납세의무가 있다.
> ② 과점주주 집단 내부에서 주식이 이전되었으나 과점주주 집단이 소유한 총주식의 비율에 변동이 없는 경우 과점주주 간주취득세의 납세의무는 없다.

① 0개　　② 1개　　③ 2개
④ 3개　　⑤ 4개

55. 甲은 판매업을 영위하는 비상장법인인 ㈜박문각의 주식을 소유하고 있다. 甲의 지분율의 변동내역과 법인의 자산내역이 다음과 같은 경우 甲의 2025년 5월 19일 주식 취득시 취득세 과세표준을 계산하면?

구 분	2024년 3월 25일	2025년 5월 19일
지분율 변동사유	설립시 취득	주식매입
주식 지분율	40%	60%

⟨2025년 5월 19일 현재 ㈜박문각의 자산내역⟩
㉠ 토지: 10억원
㉡ 건물: 5억원
㉢ 차량: 2억원
㉣ 골프 회원권: 3억원
㉤ ㈜삼성전자 주식: 10억원

① 0원
② 4억원
③ 8억원
④ 12억원
⑤ 18억원

56. 다음은 취득세에 있어서 취득의 범위와 과세대상에 대한 설명이다. 틀린 것은?
① 부동산 등의 유상취득은 물론이고 증여·기부·상속 등의 무상취득인 경우에도 취득세가 과세된다.
② 비상장법인의 주주인 甲은 법인 설립시 70%의 주식을 취득하였고 비상장법인의 취득세 과세대상은 100억원인 경우 과점주주의 취득세 과세표준은 70억원이다.
③ 차량·기계장비·항공기 및 주문에 의하여 건조하는 선박은 승계취득인 경우에만 취득세를 과세한다.
④ 비상장법인의 주주인 甲은 2023년 법인 설립시 40% 지분비율이었다가 2024년에 30%를 증자로 추가 취득한 후 30%를 양도한 후 2025년에 다시 40%의 지분을 추가 취득한 경우 취득으로 간주되는 지분비율은 10%이다.
⑤ 공매를 통하여 배우자의 부동산을 취득한 경우 유상취득에 해당한다.

57 다음은 취득세의 납세의무자에 대한 설명이다. 틀린 것은?

① 취득세는 부동산, 차량, 기계장비, 항공기, 선박, 입목, 광업권, 양식업권, 어업권, 골프 회원권, 승마 회원권, 콘도미니엄 회원권, 종합체육시설 이용 회원권 또는 요트 회원권을 취득한 자에게 부과한다.

② 부동산 등의 취득은 「민법」, 「자동차관리법」, 「건설기계관리법」, 「항공법」, 「선박법」, 「입목에 관한 법률」, 「광업법」 또는 「수산업법」 등 관계 법령에 따른 등기·등록 등을 하지 아니한 경우라도 사실상 취득하면 각각 취득한 것으로 보고 해당 취득물건의 소유자 또는 양수인을 각각 취득자로 한다.

③ 법인의 주식 또는 지분을 취득함으로써 「지방세기본법」 제47조 제2호에 따른 과점주주가 되었을 때에는 그 과점주주가 해당 법인의 부동산 등(법인이 「신탁법」에 따라 신탁한 재산으로서 수탁자 명의로 등기·등록이 되어 있는 부동산 등을 포함한다)을 취득(법인설립시에 발행하는 주식 또는 지분을 취득함으로써 과점주주가 된 경우에는 취득으로 보지 아니한다)한 것으로 본다. 이 경우 과점주주의 연대납세의무에 관하여는 「지방세기본법」 제44조를 준용한다.

④ 증여자의 채무를 인수하는 부담부(負擔附)증여의 경우에는 그 채무액에 상당하는 부분은 부동산 등을 유상으로 취득하는 것으로 본다.

⑤ 건축물 중 조작(造作)설비, 그 밖의 부대설비에 속하는 부분으로서 그 주체구조부(主體構造部)와 하나가 되어 건축물로서의 효용가치를 이루고 있는 것에 대하여는 주체구조부 취득자 외의 자가 가설(加設)한 경우에는 이를 가설한 자가 납세의무자가 된다.

58 「지방세법」상 취득의 시기 등에 관한 설명으로 틀린 것은?

① 무상취득의 경우 해당 취득물건을 등기·등록한 후 행정안전부령으로 정하는 계약해제신고서(취득일부터 취득일이 속하는 달의 말일부터 3개월 이내에 제출된 것만 해당한다)에 해당하는 서류로 계약이 해제된 사실이 입증되는 경우에는 취득한 것으로 보지 않는다.

② 상속으로 인한 취득의 경우에는 상속개시일에 취득한 것으로 본다.

③ 토지의 지목변경에 따른 취득은 토지의 지목변경일 이전에 사용하는 부분에 대해서는 그 사실상의 사용일을 취득일로 본다.

④ 건축물을 건축 또는 개수하여 취득하는 경우 사용승인서를 내주기 전에 임시사용승인을 받은 경우에는 그 임시사용승인일과 사실상의 사용일 중 빠른 날을 취득일로 본다.

⑤ 유상승계취득의 경우 취득일 전에 등기 또는 등록을 한 경우에는 그 등기일 또는 등록일에 취득한 것으로 본다.

59 「지방세법」상 취득세의 과세표준에 관한 설명으로 틀린 것은?

① 취득세의 과세표준은 취득 당시의 가액으로 한다. 다만, 연부로 취득하는 경우 취득세의 과세표준은 연부금액(매회 사실상 지급되는 금액을 말하며, 취득금액에 포함되는 계약보증금을 포함한다)으로 한다.

② 상속에 따른 무상취득의 경우에는 「지방세법」제4조에 따른 시가표준액을 취득당시가액으로 한다.

③ 부동산등을 무상취득(상속은 제외)하는 경우 취득 당시의 가액은 취득시기 현재 불특정 다수인 사이에 자유롭게 거래가 이루어지는 경우 통상적으로 성립된다고 인정되는 가액(매매사례가액, 감정가액, 공매가액 등 대통령령으로 정하는 바에 따라 시가로 인정되는 가액)으로 한다.

④ 오피스텔 외의 건축물의 시가표준액은 건설원가 등을 고려하여 행정안전부장관이 산정·고시하는 건물신축가격기준액에 건물의 구조별·용도별·위치별 지수·건물의 경과연수별 잔존가치율·건물의 규모·형태·특수한 부대설비 등의 유무 및 그 밖의 여건에 따른 가감산율을 적용하여 지방자치단체의 장이 결정한 가액으로 한다.

⑤ 법인이 아닌 자가 토지의 지목을 사실상 변경한 경우로서 사실상취득가격을 확인할 수 없는 경우 취득당시가액은 지목변경 이후의 토지에 대한 시가표준액으로 한다.

60 「지방세법」상 부동산의 취득세 과세표준을 사실상의 취득가격으로 하는 경우 이에 포함되지 않는 것은? (다만, 아래 항목은 법인이 국가로부터 시가로 유상취득하기 위하여 취득시기 이전에 지급하였거나 지급하여야 할 것으로 가정함)

① 취득대금 외에 당사자의 약정에 따른 취득자 조건 부담액
② 부동산의 건설자금에 충당한 차입금의 이자
③ 연불조건부 계약에 따른 이자상당액 및 연체료
④ 취득대금을 일시급으로 지불하여 일정액을 할인받은 경우 그 할인액
⑤ 취득에 필요한 용역을 제공받은 대가로 지급하는 용역비

61 「지방세법」상 부동산 취득시 취득세 과세표준에 적용되는 표준세율로 옳은 것을 모두 고른 것은?

> ㉠ 상속으로 인한 농지취득 : 1천분의 28
> ㉡ 합유물 및 총유물의 분할로 인한 취득 : 1천의 23
> ㉢ 원시취득(공유수면의 매립 또는 간척으로 인한 농지취득 제외) : 1천분의 28
> ㉣ 법령으로 정한 비영리사업자의 상속 외의 무상취득 : 1천분의 35

① ㉠, ㉡ ② ㉡, ㉢ ③ ㉠, ㉢
④ ㉡, ㉣ ⑤ ㉢, ㉣

62 부동산에 대한 취득세 표준세율로서 옳은 것은?
① 건축(신축과 재축은 제외한다) 또는 개수로 인하여 건축물 면적이 증가할 때 그 증가된 부분 : 1천분의 28
② 상속으로 임야 취득 : 1천분의 23
③ 공유물의 분할(등기부등본상 본인 지분을 초과하는 부분의 경우에는 제외한다) : 1천분의 28
④ 매매로 나대지의 취득 : 1천분의 30
⑤ 개인이 증여로 농지 취득 : 1천분의 28

63 「지방세법」상 취득세의 표준세율이 가장 높은 것은? (단, 「지방세특례제한법」은 고려하지 않음)
① 유상거래를 원인으로 취득 당시의 가액이 6억원 이하인 상가를 취득
② 비영리사업자의 증여로 인한 농지 취득
③ 교환으로 인한 농지의 취득
④ 배우자로부터 증여받은 농지의 취득
⑤ 상속으로 취득한 상가

64 「지방세법」상 아래의 부동산 등을 신(증)축하는 경우 취득세가 중과(重課)되지 않는 것은 몇 개인가? (단, 지방세법상 중과요건을 충족하는 것으로 가정함)

> ㉠ 병원의 병실
> ㉡ 골프장
> ㉢ 고급주택
> ㉣ 법인 본점의 사무소전용 주차타워
> ㉤ 대도시에서 법인이 사원에 대한 임대용으로 직접 사용할 목적으로 취득한 사원주거용 목적의 공동주택[1구의 건축물의 연면적(전용면적을 말한다)이 60제곱미터 이하임]
> ㉥ 「수도권정비계획법」에 의한 과밀억제권역 안에서 공장을 신설하거나 증설하기 위한 사업용 과세물건

① 1개 ② 2개 ③ 3개
④ 4개 ⑤ 5개

65 「지방세법」상 취득세액을 계산할 때 중과기준세율만을 적용하는 경우는 몇 개인가? (단, 취득세 중과물건이 아님)

> ㉠ 상속으로 인한 취득 중 법령으로 정하는 1가구 1주택 및 그 부속토지의 취득
> ㉡ 공유물의 분할로 인한 취득(등기부등본상 본인지분을 초과하지 아니함)
> ㉢ 건축물의 이전으로 인한 취득(이전한 건축물의 가액이 종전 건축물의 가액을 초과하지 아니함)
> ㉣ 「민법」(이혼한 자 일방의 재산분할청구권 행사)에 따른 재산분할로 인한 취득
> ㉤ 개수로 인한 취득(개수로 인하여 건축물 면적이 증가하지 아니함)
> ㉥ 토지의 지목을 사실상 변경함으로써 그 가액이 증가한 경우
> ㉦ 법인 설립 후 유상 증자시에 주식을 취득하여 최초로 과점주주가 된 경우
> ㉧ 상속으로 농지를 취득한 경우

① 1개 ② 2개 ③ 3개
④ 4개 ⑤ 5개

66 「지방세법」상 취득세의 부과·징수에 관한 설명으로 옳은 것은? (단, 납세자가 국내에 주소를 둔 경우에 한함)

① 상속으로 취득세 과세물건을 취득한 자는 상속개시일로부터 6개월 이내에 과세표준과 세액을 신고·납부하여야 한다.
② 취득세 과세물건을 취득한 후에 그 과세물건이 중과세율의 적용대상이 되었을 때에는 취득한 날부터 60일 이내에 중과세율을 적용하여 산출한 세액에서 이미 납부한 세액(가산세 포함)을 공제한 금액을 신고하고 납부하여야 한다.
③ 취득세 과세물건을 취득한 자가 재산권의 취득에 관한 사항을 등기하는 경우 등기한 후 30일 내에 취득세를 신고·납부하여야 한다.
④ 취득세 납세의무가 있는 법인이 장부 등의 작성과 보존의무를 이행하지 아니한 경우 산출세액의 100분의 20에 상당하는 가산세가 부과된다.
⑤ 토지를 취득한 자가 그 취득한 날부터 1년 이내에 그에 인접한 토지를 취득한 경우 그 전후의 취득에 관한 토지의 취득을 1건의 토지 취득으로 보아 취득세에 대한 면세점을 적용한다.

67 지방세법상 취득세의 부과·징수에 관한 설명이다. 옳은 것은?

① 상속으로 인한 취득의 경우는 상속개시일이 속하는 달의 말일부터 6개월(피상속인이 외국에 주소를 둔 경우에는 9개월) 이내에 신고하고 납부하여야 한다.
② 지목변경, 주식 등의 취득 등 취득으로 보는 과세물건을 사실상 취득한 후 신고를 하지 아니하고 매각하는 경우 중가산세 규정을 적용한다.
③ 취득세액이 50만원 이하일 때에는 취득세를 부과하지 아니한다.
④ 취득세 법정신고기한까지 과세표준신고서를 제출하지 아니한 자가 법정신고기한이 지난 후 3개월 초과 6개월 이내에 기한후신고한 경우 납부지연가산세의 20%를 감면한다.
⑤ 취득세 과세물건을 취득한 후에 그 과세물건이 중과세 세율의 적용대상이 되었을 때에는 대통령령으로 정하는 날부터 60일 이내에 중과세 세율을 적용하여 산출한 세액에서 이미 납부한 세액(가산세는 제외한다)을 공제한 금액을 세액으로 하여 신고하고 납부하여야 한다.

68 「지방세법」상 취득세의 비과세에 대한 설명 중 틀린 것은?

① 수익사업용인 모델하우스에 대하여 존속기간이 1년 미만이면 취득세를 비과세한다.
② 「지방세법」상 취득세 비과세 등에서 규정한 「신탁」이라 함은 「신탁법」에 의하여 위탁자가 수탁자에 신탁등기를 하거나 신탁해지로 수탁자가 위탁자에게 이전되거나 수탁자가 변경되는 경우를 말하며, 명의신탁해지로 인한 취득 등은 「신탁법」에 의한 신탁이 아니므로 이에 해당되지 아니한다.
③ 부동산을 취득한 이후에 해당 부동산을 국가나 지방자치단체에 기부채납하기로 국가 등과 계약 등을 한 경우 취득세를 비과세한다.
④ 서울특별시가 구청청사로 취득한 건물은 취득세를 비과세한다.
⑤ 임시용 건축물에 대한 "존속기간 1년 초과" 판단의 기산점은 「건축법」 제20조 규정에 의하여 시장·군수에게 신고한 가설건축물 축조신고서상 존치기간의 시기(그 이전에 사실상 사용한 경우에는 그 사실상 사용일)가 되고, 신고가 없는 경우에는 사실상 사용일이 된다.

69 「지방세법」상 취득세에 관한 설명으로 틀린 것은 몇 개인가?

㉠ 과점주주 집단 내부에서 주식이 이전되었으나 과점주주 집단이 소유한 총주식의 비율에 변동이 없는 경우 간주취득세가 과세된다.
㉡ 권리의 이전이나 행사에 등기 또는 등록이 필요한 부동산을 직계존속과 서로 교환한 경우에는 무상으로 취득한 것으로 본다.
㉢ 토지의 시가표준액은 세목별 납세의무의 성립시기 당시 「부동산 가격공시에 관한 법률」에 따른 개별공시지가가 공시된 경우 개별공시지가로 한다.
㉣ 무주택자인 개인이 유상거래를 원인으로 「지방세법」 제10조에 따른 취득 당시의 가액이 5억원인 주택(「주택법」에 의한 주택으로서 등기부에 주택으로 기재된 주거용 건축물과 그 부속토지로서 고급주택이 아님)을 취득한 경우 취득세 표준세율은 1천분의 10이다.
㉤ 법령이 정하는 고급주택에 해당하는 임시건축물의 취득은 취득세가 비과세된다.

① 1개 ② 2개 ③ 3개
④ 4개 ⑤ 5개

70 「지방세법」상 취득세에 관한 설명으로 틀린 것은?

① 건축(신축·재축 제외)으로 인하여 건축물 면적이 증가할 때에는 그 증가된 부분에 대하여 원시취득으로 보아 해당 세율을 적용한다.
② 상속으로 인한 취득의 경우에는 상속개시일에 취득한 것으로 본다.
③ 토지를 취득한 자가 그 취득한 날부터 1년 이내에 그에 인접한 토지를 취득한 경우 그 전후의 취득에 관한 토지의 취득을 1건의 토지 취득으로 보아 취득세에 대한 면세점을 적용한다.
④ 공사현장사무소 등 임시건축물의 취득에 대하여는 그 존속기간에 관계없이 취득세를 부과하지 아니한다.
⑤ 상속으로 인한 농지취득의 경우 취득세 표준세율은 1천분의 23이다.

71 등록에 대한 등록면허세 납세의무자에 대한 다음 설명 중 틀린 것은?

① 등록에 대한 등록면허세의 납세의무자는 재산권 기타 권리의 취득·이전·변경 또는 소멸에 관한 사항을 공부에 등기 또는 등록(등재를 포함한다)하는 경우에 그 등기 또는 등록을 받는 자이다.
② 설정된 전세권에 대한 말소등기를 하는 경우 등록면허세 납세의무자는 전세권자이다.
③ 근저당권설정의 경우 등록분 등록면허세의 납세의무자는 채권자인 금융기관 등이 되며, 근저당권말소의 경우에는 채무자가 등록분 등록면허세의 납세의무자이다.
④ 채권자대위등기는 채권자가 채무자 소유의 부동산에 대해 채무자를 대신하여 등기를 신청하는 것으로서 신청자는 채권자이나 등기·등록을 받는 자는 채무자이므로 등록면허세 납세의무자는 신청자가 아닌 채무자이다.
⑤ 소유권 이전등기시 등록면허세 납세의무자는 매수자이다.

72 「지방세법」상 등록에 대한 등록면허세의 과세표준에 관한 설명으로 틀린 것은?

① 부동산, 선박, 항공기, 자동차 및 건설기계의 등록에 대한 등록면허세의 과세표준은 등록 당시의 가액으로 한다.
② 등록 당시 신고가 없거나 신고가액이 시가표준액보다 적은 경우에는 시가표준액을 과세표준으로 한다.
③ 등록면허세 신고서상 금액과 공부상 금액이 다를 경우 공부상 금액을 과세표준으로 한다.
④ 등록 당시에 감가상각의 사유로 가액이 달라진 경우 그 가액에 대한 증명여부와 관계없이 변경 전 가액을 과세표준으로 한다.
⑤ 채권금액으로 과세액을 정하는 경우에 일정한 채권금액이 없을 때에는 채권의 목적이 된 것의 가액 또는 처분의 제한의 목적이 된 금액을 그 채권금액으로 본다.

73 「지방세법」상 부동산등기에 대한 등록면허세의 표준세율로서 옳은 것은? (단, 표준세율을 적용하여 산출한 세액이 부동산등기에 대한 그 밖의 등기 또는 등록세율보다 크다고 가정함)

① 매매에 의한 소유권 이전 등기 - 부동산가액의 1천분의 20
② 상속으로 인한 소유권 이전 등기 - 부동산가액의 1천분의 15
③ 소유권의 보존 등기 - 부동산가액의 1천분의 28
④ 저당권 - 채권금액의 1천분의 8
⑤ 전세권 - 전세금액의 1천분의 9

74 「지방세법」상 등록에 대한 등록면허세의 신고 및 납부에 관한 설명 중 틀린 것은 몇 개인가?

㉠ 등록을 하려는 자는 과세표준에 세율을 적용하여 산출한 세액을 등록을 하기 전까지 납세지를 관할하는 지방자치단체의 장에게 신고하고 납부하여야 한다.
㉡ 등록면허세 과세물건을 등록한 후에 해당 과세물건이 중과세 세율의 적용대상이 되었을 때에는 대통령령으로 정하는 날부터 60일 이내에 중과세 세율을 적용하여 산출한 세액에서 이미 납부한 세액(가산세는 제외한다)을 공제한 금액을 세액으로 하여 납세지를 관할하는 지방자치단체의 장에게 대통령령으로 정하는 바에 따라 신고하고 납부하여야 한다.
㉢ 신고의무를 다하지 아니한 경우에도 등록면허세 산출세액을 등록을 하기 전까지 납부하였을 때에는 신고를 하고 납부한 것으로 본다. 이 경우 무신고가산세 및 과소신고가산세를 부과하지 아니한다.
㉣ 채권자대위자는 납세의무자를 대위하여 부동산의 등기에 대한 등록면허세를 신고납부할 수 있다. 이 경우 채권자대위자는 행정안전부령으로 정하는 바에 따라 납부확인서를 발급받을 수 있다.
㉤ 지방자치단체의 장은 채권자대위자의 부동산의 등기에 대한 등록면허세 신고납부가 있는 경우 납세의무자에게 그 사실을 즉시 통보하여야 한다.

① 0개 ② 1개 ③ 2개
④ 3개 ⑤ 4개

75 「지방세법」상 등록에 대한 등록면허세에 관한 설명으로 틀린 것은?

① 甲이 乙소유 부동산에 관해 전세권설정등기를 하는 경우 등록면허세 납세의무자는 전세권자인 甲이다.
② 전세권 설정등기에 대한 등록면허세의 표준세율은 전세금액의 1천분의 2이다.
③ 부동산 등기에 대한 등록면허세의 납세지는 부동산 소재지이다.
④ 등록을 하려는 자가 법정신고기한까지 등록면허세 산출세액을 신고하지 않은 경우로서 등록 전까지 그 산출세액을 납부한 때에도 「지방세기본법」에 따른 무신고가산세가 부과된다.
⑤ 등기 담당 공무원의 착오로 인한 지번의 오기에 대한 경정 등기에 대해서는 등록면허세를 부과하지 아니한다.

76 「지방세법」상 재산세의 과세대상에 대한 내용 중 틀린 것은 몇 개인가?

> ㉠ 재산세의 과세대상이 되는 토지는 「공간정보의 구축 및 관리 등에 관한 법률」에 따라 지적공부의 등록대상이 되는 토지이다.
> ㉡ 1동(棟)의 건물이 주거와 주거 외의 용도로 사용되고 있는 경우에는 주거용으로 사용되는 부분만을 주택으로 본다.
> ㉢ 주택에 대한 토지와 건물의 소유자가 다를 경우 해당 주택의 토지와 건물의 가액을 합산한 과세표준에 주택의 세율을 적용한다.
> ㉣ 오피스텔은 「건축법」상 일반 업무시설에 해당하므로 일반적으로 건축물로 과세하나, 현황과세의 원칙에 따라 주거용(주민등록, 취학여부, 임대주택 등록 여부 등)으로 사용하는 경우에 한해 주택으로 과세한다.
> ㉤ 건축법 시행령 별표 1의 다가구주택은 1세대가 독립하여 구분사용할 수 있도록 구획된 부분을 1구의 주택으로 본다.

① 1개　　　　　　　　　② 2개
③ 3개　　　　　　　　　④ 4개
⑤ 5개

77 「지방세법」상 토지에 대한 재산세를 부과함에 있어서 과세대상의 구분(종합합산과세대상, 별도합산과세대상, 분리과세대상)이 잘못된 것은?

① 「도로교통법」에 따라 등록된 자동차운전학원의 자동차운전학원용 토지로서 같은 법에서 정하는 시설을 갖춘 구역 안의 토지 : 별도합산과세대상
② 1990년 5월 31일 이전부터 종중이 소유하고 있는 임야 : 분리과세대상
③ 과세기준일 현재 계속 염전으로 실제 사용하고 있는 토지 : 분리과세대상
④ 「체육시설의 설치·이용에 관한 법률 시행령」에 따른 회원제 골프장이 아닌 골프장용 토지 중 원형이 보전되는 임야 : 분리과세대상
⑤ 일반영업용 건축물로서 건축물의 시가표준액이 해당 부속토지의 시가표준액의 100분의 2에 미달하는 건축물의 부속토지 중 그 건축물의 바닥면적의 토지 : 별도합산과세대상

78 「지방세법」상 토지에 대한 재산세를 부과함에 있어서 과세대상의 구분(종합합산과세대상, 별도합산과세대상, 분리과세대상)이 옳은 것은?

① 회원제 골프장용 토지(회원제 골프장업의 등록시 구분등록의 대상이 되는 토지) : 별도합산과세대상
② 「체육시설의 설치·이용에 관한 법률 시행령」에 따른 회원제 골프장이 아닌 골프장용 토지 중 원형이 보전되는 임야 : 분리과세대상
③ 1990년 1월부터 소유하는 「수도법」에 따른 상수원보호구역의 임야 : 분리과세대상
④ 「도로교통법」에 따라 등록된 자동차운전학원의 자동차운전학원용 토지로서 같은 법에서 정하는 시설을 갖춘 구역 안의 토지 : 분리과세대상
⑤ 「건축법」 등 관계법령에 따라 허가 등을 받아야 할 건축물로서 허가 등을 받지 아니한 건축물의 부속토지 : 별도합산과세대상

79 「지방세법」상 재산세의 과세표준에 관한 설명으로 옳은 것은?

① 토지의 재산세 과세표준은 개별공시지가로 한다.
② 토지에 대한 과세표준은 사실상 취득가격이 증명되는 때에는 장부가액으로 한다.
③ 건축물의 재산세 과세표준은 거래가격 등을 고려하여 시장·군수·구청장이 결정한 가액으로 한다.
④ 건축물의 재산세 과세표준은 법인의 경우 법인장부에 의해 증명되는 가격으로 한다.
⑤ 주택이 아닌 건축물에 대한 과세표준은 건축물 시가표준액에 100분의 70의 공정시장가액비율을 곱하여 산정한다.

80 다음은 지방세법상 재산세의 세율에 관한 설명이다. 옳은 것은?

① 고급주택(1세대 2주택에 해당) : 1천분의 40
② 일반 건축물 : 0.1%~0.4% 4단계 초과누진세율
③ 특별시·광역시(군 지역은 제외한다)·시(읍·면지역은 제외한다) 지역에서 「국토의 계획 및 이용에 관한 법률」과 그 밖의 관계 법령에 따라 지정된 주거지역 및 해당 지방자치단체의 조례로 정하는 지역의 공장용 건축물 : 1천분의 5
④ 회원제 골프장, 고급오락장용 건축물 : 1천분의 50
⑤ 시가표준액이 9억원을 초과하는 1세대 1주택 : 1,000분의 0.5부터 1,000분의 3.5까지의 4단계 초과누진세율

81 지방세법상 재산세 과세대상에 대한 표준세율 적용에 대한 설명으로 틀린 것은?

① 「수도권정비계획법」에 따른 과밀억제권역(「산업집적활성화 및 공장설립에 관한 법률」을 적용받는 산업단지 및 유치지역과 「국토의 계획 및 이용에 관한 법률」을 적용받는 공업지역은 제외한다)에서 공장 신설·증설에 해당하는 경우 그 건축물에 대한 재산세의 세율은 최초의 과세기준일부터 5년간 1천분의 2.5의 100분의 500에 해당하는 세율로 한다.
② 주택을 2명 이상이 공동으로 소유하거나 토지와 건물의 소유자가 다를 경우 해당 주택에 대한 세율을 적용할 때 해당 주택의 토지와 건물의 가액을 합산한 과세표준에 세율을 적용한다.
③ 종합합산과세대상토지에 대하여는 납세의무자가 소유하고 있는 해당 지방자치단체 관할구역에 있는 종합합산과세대상이 되는 토지의 가액을 모두 합한 금액을 과세표준으로 하여 0.2%~0.4%의 3단계 초과누진세율을 적용한다.
④ 분리과세대상이 되는 토지에 대하여는 해당 토지의 가액을 과세표준으로 하여 비례세율을 적용한다.
⑤ 「건축법 시행령」 별표1 제1호 다목에 따른 다가구주택은 1가구가 독립하여 구분사용할 수 있도록 분리된 부분을 1구의 주택으로 본다. 이 경우 그 부속토지는 건물면적의 비율에 따라 각각 나눈 면적을 1구의 부속토지로 본다.

82 「지방세법」상 재산세의 납세의무자에 관한 설명으로 틀린 것은?

① 상가의 건물과 부속토지의 소유자가 다를 경우 그 상가의 건물과 부속토지를 합산한 과세표준에 대한 산출세액을 건축물과 그 부속토지의 시가표준액 비율로 안분계산한 부분에 대하여 그 소유자를 납세의무자로 본다.
② 「신탁법」 제2조에 따른 수탁자의 명의로 등기 또는 등록된 신탁재산의 경우에는 위탁자는 재산세를 납부할 의무가 있다.
③ 국가가 선수금을 받아 조성하는 매매용 토지로서 사실상 조성이 완료된 토지의 사용권을 무상으로 받은 경우 그 사용권을 무상으로 받은 자가 재산세 납세의무자이다.
④ 「도시개발법」에 따라 시행하는 환지(換地) 방식에 의한 도시개발사업 및 「도시 및 주거환경정비법」에 따른 정비사업(재개발사업만 해당한다)의 시행에 따른 환지계획에서 일정한 토지를 환지로 정하지 아니하고 체비지 또는 보류지로 정한 경우에는 사업시행자가 재산세 납세의무자이다.
⑤ 재산세 과세기준일 현재 소유권의 귀속이 분명하지 아니하여 사실상의 소유자를 확인할 수 없는 경우 그 사용자가 재산세를 납부할 의무가 있다.

83 「지방세법」상 재산세의 과세기준일 현재 납세의무자에 관한 설명으로 틀린 것은?

① 공유재산인 경우 그 지분에 해당하는 부분(지분의 표시가 없는 경우에는 지분이 균등한 것으로 봄)에 대해서는 그 지분권자를 납세의무자로 본다.
② 주택의 건물과 부속토지의 소유자가 다를 경우 그 주택에 대한 산출세액을 건축물과 그 부속토지의 시가표준액 비율로 안분계산한 부분에 대하여 그 소유자를 납세의무자로 본다.
③ 상속이 개시된 재산으로서 상속등기가 이행되지 아니하고 사실상의 소유자를 신고하지 아니하였을 때에는 공동상속인 각자가 받았거나 받을 재산에 따라 납부할 의무를 진다.
④ 공부상에 개인 등의 명의로 등재되어 있는 사실상의 종중재산으로서 종중소유임을 신고하지 아니하였을 때에는 공부상 소유자를 납세의무자로 본다.
⑤ 지방자치단체와 재산세 과세대상 재산을 연부로 매매계약을 체결하고 그 재산의 사용권을 무상으로 받은 경우에는 그 매수계약자를 납세의무자로 본다.

84 「지방세법」상 재산세 부과·징수에 관한 설명으로 틀린 것은?

① 해당 연도에 부과할 토지분 재산세액이 20만원 이하인 경우, 조례로 정하는 바에 따라 납기를 7월 16일부터 7월 31일까지로 하여 한꺼번에 부과·징수할 수 있다.
② 재산세를 물납하려는 자는 납부기한 10일 전까지 납세지를 관할하는 시장·군수·구청장에게 물납을 신청하여야 한다.
③ 재산세는 관할지방자치단체의 장이 세액을 산정하여 보통징수의 방법으로 부과·징수한다.
④ 지방자치단체의 장은 재산세 납부세액이 1천만원을 초과하는 경우 납세의무자의 신청을 받아 관할구역에 있는 부동산에 대해서만 법령으로 정하는 바에 따라 물납을 허가할 수 있다.
⑤ 고지서 1장당 재산세로 징수할 세액이 2천원 미만인 경우에는 해당 재산세를 징수하지 아니한다.

85 「지방세법」상 재산세 부과·징수에 관한 설명으로 틀린 것은?

① 토지분 재산세의 납기는 매년 9월 16일부터 9월 30일까지이다.
② 재산세는 관할 지방자치단체의 장이 세액을 산정하여 보통징수의 방법으로 부과·징수한다.
③ 지방자치단체의 장은 재산세의 납부세액이 250만원을 초과하는 경우에는 대통령령으로 정하는 바에 따라 납부할 세액의 일부를 납부기한이 지난 날부터 6개월 이내에 분할납부하게 할 수 있다.
④ 주택에 대한 재산세(해당 연도에 부과할 세액이 20만원을 초과함)의 납기는 해당 연도에 부과·징수할 세액의 2분의 1은 매년 7월 16일부터 7월 31일까지, 나머지 2분의 1은 9월 16일부터 9월 30일까지이다.
⑤ 재산세를 징수하려면 토지, 건축물, 주택, 선박 및 항공기로 구분한 납세고지서에 과세표준과 세액을 적어 늦어도 납기개시 5일 전까지 발급하여야 한다.

86 「지방세법」상 재산세 비과세 대상에 해당하지 않는 것은? (단, 주어진 조건 외에는 고려하지 않음)

① 「도로법」에 따른 도로(같은 법 제2조 제2호에 따른 도로의 부속물 중 도로관리시설, 휴게시설, 주유소, 충전소, 교통·관광안내소 및 도로에 연접하여 설치한 연구시설은 제외한다)와 그 밖에 일반인의 자유로운 통행을 위하여 제공할 목적으로 개설한 사설 도로(다만, 「건축법 시행령」 제80조의2에 따른 대지 안의 공지는 제외)
② 「하천법」에 따른 하천과 「소하천정비법」에 따른 소하천
③ 「공간정보의 구축 및 관리 등에 관한 법률」에 따른 제방(다만, 특정인이 전용하는 제방은 제외)
④ 농업용 및 발전용에 제공하는 댐·저수지·소류지와 자연적으로 형성된 호수·늪
⑤ 「군사기지 및 군사시설 보호법」에 따른 군사기지 및 군사시설 보호구역 중 통제보호구역에 있는 전·답·과수원 및 대지

87 「종합부동산세법」상 종합부동산세의 과세대상인 것은?

① 취득세 중과대상인 고급오락장용 건축물
② 1990년 1월부터 소유하는 「수도법」에 따른 상수원보호구역의 임야
③ 「건축법」 등 관계법령에 따라 허가 등을 받아야 할 건축물로서 허가 등을 받지 아니한 건축물의 부속토지
④ 관계법령에 따른 사회복지사업자가 복지시설이 소비목적으로 사용할 수 있도록 하기 위하여 1990년 5월 1일부터 소유하는 농지
⑤ 공장용 건축물

88 「종합부동산세법」상 주택에 대한 과세에 대한 설명 중 틀린 것은?

① 주택분 과세표준 금액에 대하여 해당 과세대상주택의 주택분 재산세로 부과된 세액(「지방세법」 제111조 제3항에 따라 가감조정된 세율이 적용된 경우에는 그 세율이 적용된 세액을 말한다)은 주택분 종합부동산세액에서 이를 공제한다.
② 개인이 조정대상지역 내 소재하는 A주택과 조정대상지역 외 소재하는 B주택을 소유한 경우 과세표준이 3억원인 경우 1천분의 5의 세율을 적용한다.
③ 주택분 종합부동산세액을 계산할 때 1주택을 여러 사람이 공동으로 매수하여 소유한 경우 공동 소유자 각자가 그 주택을 소유한 것으로 본다.
④ 법인(일반 누진세율이 적용되는 법인 등이 아님)이 2주택 이하를 소유한 경우 종합부동산세 세율은 1천분의 27을 적용한다.
⑤ 법인(일반 누진세율이 적용되는 법인 등이 아님)이 3주택 이상을 소유한 경우 종합부동산세 세부담의 상한은 100분의 300으로 한다.

89 토지에 대한 종합부동산세 과세에 관한 설명 중 틀린 것은?

① 토지에 대한 종합부동산세는 국내에 소재하는 토지에 대하여 「지방세법」 제106조 제1항 제1호에 따른 종합합산과세대상과 같은 법 제106조 제1항 제2호에 따른 별도합산과세대상으로 구분하여 과세한다.

② 과세기준일 현재 토지분 재산세의 납세의무자로서 종합합산과세대상인 경우에는 국내에 소재하는 해당 과세대상토지의 공시가격을 합한 금액이 6억원을 초과하는 자는 해당 토지에 대한 종합부동산세를 납부할 의무가 있다.

③ 과세기준일 현재 토지분 재산세의 납세의무자로서 별도합산과세대상인 경우에는 국내에 소재하는 해당 과세대상토지의 공시가격을 합한 금액이 80억원을 초과하는 자는 해당 토지에 대한 종합부동산세를 납부할 의무가 있다.

④ 종합합산과세대상인 토지의 과세표준 금액에 대하여 해당 과세대상토지의 토지분 재산세로 부과된 세액(「지방세법」 제111조 제3항에 따라 가감조정된 세율이 적용된 경우에는 그 세율이 적용된 세액, 같은법 제122조에 따라 세부담 상한을 적용받은 경우에는 그 상한을 적용받은 세액을 말한다)은 토지분 종합합산세액에서 이를 공제한다.

⑤ 별도합산과세대상인 토지에 대한 종합부동산세의 과세표준은 납세의무자별로 해당 과세대상토지의 공시가격을 합산한 금액에서 80억원을 공제한 금액에 공정시장가액비율을 곱한 금액으로 한다.

90 「종합부동산세법」상 신고·납부 등에 대한 설명 중 틀린 것은?

① 관할세무서장은 납부하여야 할 종합부동산세의 세액을 결정하여 해당 연도 12월 1일부터 12월 15일("납부기간"이라 한다)까지 부과·징수한다.

② 종합부동산세의 과세기준일은 「지방세법」 제114조에 따른 재산세의 과세기준일로 한다.

③ 종합부동산세의 납세의무자가 비거주자인 개인 또는 외국법인으로서 국내사업장이 없고 국내원천소득이 발생하지 아니하는 주택 및 토지를 소유한 경우에는 그 주택 또는 토지의 소재지(주택 또는 토지가 둘 이상인 경우에는 공시가격이 가장 높은 주택 또는 토지의 소재지를 말한다)를 납세지로 정한다.

④ 관할세무서장은 종합부동산세로 납부하여야 할 세액이 150만원을 초과하는 경우에는 대통령령으로 정하는 바에 따라 그 세액의 일부를 납부기한이 지난 날부터 1개월 이내에 분납하게 할 수 있다.

⑤ 관할세무서장 또는 납세지관할지방국세청장은 과세대상 누락, 위법 또는 착오 등으로 인하여 종합부동산세를 새로 부과할 필요가 있거나 이미 부과한 세액을 경정할 경우에는 다시 부과·징수할 수 있다.

91 「종합부동산세법」상 종합부동산세에 관한 설명 중 옳은 것은? (단, 감면 및 비과세와 「지방세특례제한법」 또는 「조세특례제한법」은 고려하지 않음)

① 납세자에게 부정행위가 없으며 특례제척기간에 해당하지 않는 경우 원칙적으로 납세의무 성립일부터 3년이 지나면 종합부동산세를 부과할 수 없다.
② 과세기준일 현재 토지분 재산세의 납세의무자로서 국내에 소재하는 종합합산과세대상 토지의 공시가격을 합한 금액이 3억원을 초과하는 자는 해당 토지에 대한 종합부동산세를 납부할 의무가 있다.
③ 별도합산과세대상인 토지의 재산세로 부과된 세액이 세부담 상한을 적용받는 경우 그 상한을 적용받기 전의 세액을 별도합산과세대상 토지분 종합부동산세액에서 공제한다.
④ 주택에 대한 세부담 상한의 기준이 되는 직전 연도에 해당 주택에 부과된 주택에 대한 총세액상당액은 납세의무자가 해당 연도의 과세표준합산주택을 직전 연도 과세기준일에 실제로 소유하였는지의 여부를 불문하고 직전 연도 과세기준일 현재 소유한 것으로 보아 계산한다.
⑤ 납세의무자는 선택에 따라 신고·납부할 수 있으나, 신고를 함에 있어 납부세액을 과소하게 신고한 경우라도 과소신고가산세가 적용되지 않는다.

92 「지방세기본법」상 특별시세 세목이 아닌 것은?
① 취득세
② 지방소비세
③ 등록면허세
④ 지역자원시설세
⑤ 지방교육세

93 납세의무 성립시기에 대한 설명 중 틀린 것은?
① 수시로 부과하여 징수하는 지방세: 수시부과할 사유가 발생하는 때
② 등록에 대한 등록면허세: 재산권과 그 밖의 권리를 등기하거나 등록하는 때
③ 재산세: 매년 1월 1일
④ 지방교육세: 그 과세표준이 되는 세목의 납세의무가 성립하는 때
⑤ 특별징수하는 지방소득세: 과세표준이 되는 소득에 대하여 소득세·법인세를 원천징수하는 때

94 지방세로서 보통징수방법만으로 부과·징수하는 것은?
① 취득세
② 등록면허세
③ 재산세
④ 종합부동산세
⑤ 양도소득세

95 다음은 「지방세기본법」상 납세의무의 확정에 대한 설명이다. 옳지 않은 것은?
① 「납세의무의 확정」이라 함은 지방세의 납부 또는 징수를 위하여 법이 정하는 바에 따라 납부할 지방세액을 납세의무자 또는 지방자치단체의 일정한 행위나 절차를 거쳐서 구체적으로 확정하는 것을 말한다.
② 납세의무의 확정방식은 납세의무의 성립과 동시에 법률상 당연히 확정되는 것(특별징수하는 지방소득세)과 납세의무 성립 후 특별한 절차가 요구되는 것으로서 납세자의 신고에 의하여 확정되는 것(재산세 등) 및 지방자치단체의 결정에 의하여 확정되는 것(취득세 등)이 있다.
③ 납세의무자가 과세표준과 세액을 지방자치단체에 신고·납부하는 지방세는 신고하는 때에 그 세액이 확정된다.
④ 납세의무자가 과세표준과 세액을 지방자치단체에 신고·납부하는 지방세의 과세표준과 세액을 지방자치단체가 결정하는 경우에는 결정하는 때에 그 세액이 확정된다.
⑤ 납세의무자가 과세표준과 세액을 지방자치단체에 신고·납부하는 지방세 외의 지방세는 해당 지방세의 과세표준과 세액을 해당 지방자치단체가 결정하는 때에 그 세액이 확정된다.

96 다음은 「국세기본법」상 납세의무 소멸에 대한 설명이다. 옳지 않은 것은?
① "납부"라 함은 당해 납세의무자는 물론 연대납세의무자, 제2차 납세의무자, 납세보증인, 물적납세의무자 및 기타 이해관계가 있는 제3자 등에 의한 납부를 말한다.
② "충당"이라 함은 국세환급금을 당해 납세의무자가 납부할 국세 및 체납처분비 상당액과 상계시키는 것을 말한다.
③ 납세자에게 부정행위가 없으며 특례제척기간에 해당하지 않는 경우 원칙적으로 납세의무 성립일부터 3년이 지나면 종합부동산세를 부과할 수 없다.
④ 국세의 징수를 목적으로 하는 국가의 권리는 이를 행사할 수 있는 때부터 5억원 이상의 국세는 10년 동안 행사하지 아니하면 소멸시효가 완성된다.
⑤ 부담부증여에 따라 증여세와 함께 소득세가 과세되는 경우 그 소득세는 증여세에 대하여 정한 제척기간과 동일하다.

97 「국세기본법」 및 「지방세기본법」상 조세채권과 일반채권의 관계에 관한 설명으로 틀린 것은?

① 강제집행으로 부동산을 매각할 때 그 매각금액 중에 국세를 징수하는 경우, 강제집행 비용은 국세에 우선한다.
② 과세표준과 세액의 신고에 의하여 납세의무가 확정되는 지방세의 경우 신고한 해당 세액에 대해서는 그 신고일이 법정기일이다.
③ 취득세 신고서를 납세지 관할 지방자치단체장에게 제출한 날 전에 저당권 설정 등기 사실이 증명되는 재산을 매각하여 그 매각대금에서 취득세를 징수하는 경우, 저당권에 따라 담보된 채권은 취득세에 우선한다.
④ 과세표준과 세액을 지방자치단체가 결정·경정 또는 수시부과결정하는 경우에 고지한 해당 세액에 대해서는 납세고지서의 발송일이 법정기일이다.
⑤ 법정기일 전에 전세권 설정이 등기된 재산의 매각에 있어 그 전세권에 의하여 담보된 채권은 그 재산에 대하여 부과된 종합부동산세보다 우선한다.

98 국내 소재 부동산의 보유단계에서 부담할 수 있는 국세는 모두 몇 개인가?

⊙ 재산세
⊙ 농어촌특별세
⊙ 종합부동산세
⊙ 지방교육세
⊙ 개인지방소득세

① 1개 ② 2개 ③ 3개
④ 4개 ⑤ 5개

99 조세의 납부방법으로 물납과 분할납부가 둘 다 가능한 것은 몇 개인가? (단, 물납과 분할납부의 법정 요건은 전부 충족한 것으로 가정함)

> ㉠ 취득세
> ㉡ 등록면허세
> ㉢ 재산세
> ㉣ 재산세 도시지역분
> ㉤ 소방분에 대한 지역자원시설세
> ㉥ 종합부동산세
> ㉦ 부동산임대업에서 발생한 사업소득에 대한 종합소득세
> ㉧ 양도소득세

① 0개 ② 1개 ③ 2개
④ 3개 ⑤ 4개

100 「지방세기본법」 및 「지방세법」상 용어의 정의, 부과 및 징수, 불복에 관한 설명으로 틀린 것은?

① "납세자"란 납세의무자(연대납세의무자와 제2차 납세의무자 및 보증인 포함)와 특별징수의무자를 말한다.
② 지방세에 관한 불복시 불복청구인은 이의신청을 거치지 않고 심판청구를 제기할 수 있다.
③ 지방세에 관한 불복시 불복청구인은 심판청구를 거치지 않고 행정소송을 제기할 수 없다.
④ 소방분에 대한 지역자원시설세는 분납은 가능하지만 물납은 할 수 없다.
⑤ 거주자인 甲이 乙로부터 부동산을 증여받은 것이라면 그 등기일에 취득세 납세의무가 성립한다.

ANSWER 정답

1	2	3	4	5	6	7	8	9	10
③	③	③	③	⑤	②	④	②	③	③
11	12	13	14	15	16	17	18	19	20
⑤	④	②	④	④	②	④	③	①	④
21	22	23	24	25	26	27	28	29	30
②	④	⑤	③	②	③	①	⑤	③	⑤
31	32	33	34	35	36	37	38	39	40
⑤	①	④	③	②	①	①	⑤	②	⑤
41	42	43	44	45	46	47	48	49	50
⑤	③	⑤	③	⑤	④	①	⑤	①	②
51	52	53	54	55	56	57	58	59	60
⑤	⑤	④	②	④	②	⑤	①	⑤	④
61	62	63	64	65	66	67	68	69	70
②	①	①	②	③	⑤	⑤	③	③	④
71	72	73	74	75	76	77	78	79	80
②	④	①	①	④	①	④	③	⑤	③
81	82	83	84	85	86	87	88	89	90
③	①	③	①	③	⑤	③	⑤	②	④
91	92	93	94	95	96	97	98	99	100
④	③	③	③	②	③	⑤	②	③	⑤

제36회 공인중개사 시험대비 전면개정

2025 박문각 공인중개사
정석진 파이널 패스 100선 2차 부동산세법

초판인쇄 | 2025. 7. 25. **초판발행** | 2025. 7. 30. **편저** | 정석진 편저
발행인 | 박 용 **발행처** | (주)박문각출판 **등록** | 2015년 4월 29일 제2019-000137호
주소 | 06654 서울시 서초구 효령로 283 서경 B/D 4층 **팩스** | (02)584-2927
전화 | 교재 주문 (02)6466-7202, 동영상문의 (02)6466-7201

저자와의 협의하에 인지생략

이 책의 무단 전재 또는 복제 행위는 저작권법 제136조에 의거, 5년 이하의 징역 또는 5,000만원 이하의 벌금에 처하거나 이를 병과할 수 있습니다.

정가 22,000원
ISBN 979-11-7519-055-9